Jan Hattenbach, Daniela Pujado Lizama

SONNENFINSTERNIS GUIDE

SPANIEN 2026/2027/2028

Planung, Ausrüstung, Beobachtung, Fotografie

Drei auf einen Schlag!

Drei Sonnenfinsternisse in zweieinhalb Jahren, in Europa, auf der Iberischen Halbinsel – die kommenden Jahre werden spannend: Nach fast auf den Tag genau 27 Jahren kehrt der Kernschatten des Mondes am **12. August 2026** auf den alten Kontinent zurück und zaubert von der spanischen Nordküste bis zu den Balearen eine spektakuläre Abendfinsternis mit reizvoll tiefstehender Sonne.
Nur ein knappes Jahr später, am Vormittag des **2. August 2027**, taucht er den Südzipfel des Landes erneut ins Dunkel – über vier Minuten lang.
Und am **26. Januar 2028** dürfen sich der Süden Spaniens und Portugals über einen bis über sieben Minuten andauernden „Feuerring“ freuen – wieder knapp vor Sonnenuntergang!

Spanien wird damit für die kommenden Jahre das Finsternisreiseziel schlechthin sein. Wir haben uns an den interessantesten Orten der drei Finsternisse von 2026, 2027 und 2028 umgesehen und in diesem Buch zusammengetragen, was Sonnenfinsternisenthusiasten wissen müssen: Wo dauern Totalität und Ringförmigkeit am längsten? Welche Regionen bieten die besten Beobachtungsplätze und Wetteraussichten? Wie beobachtet und fotografiert man die Finsternis – und was gibt es vor Ort sonst noch zu sehen? Die Antworten, und vieles mehr, finden Sie auf den folgenden rund 120 Seiten – illustriert mit vielen Fotos, Grafiken und detaillierten Karten. Wir wünschen viel Spaß bei der Lektüre und bei der Planung Ihrer spanischen Sonnenfinsternis – und allzeit klaren Himmel!

Die Autoren, im Juli 2024

Die Karten im Buch sind in größerem Maßstab separat als* Eclipse Atlas Spain *erhältlich.

Danksagung

Kein Buch entsteht nur durch die Autoren allein! Allen, die zum Gelingen dieses Werks beigetragen haben, sei es durch Lektorat, Bereitstellung wichtiger Informationen zu den Finsternissen, Wetter und Klima oder den vielen im Buch genannten Orten oder ihrer Fotografien, sei daher an dieser Stelle herzlich gedankt: Jay Anderson, David Rodriguez Collantes (ROA), Ullrich Dittler, Miloslav Druckmüller, Frank Espenak, Mar Losada García (AEMET), Víctor de Ory Guimerá, Petr Horálek, Xavier Jubier, Michael Karrer, Thierry Legault, Thilo Mies, Antonio Estarelles Perales (ROA), Uwe Reichert, Javier Sánchez (Azimuth Spain), Ronald Stoyan, Ana Funes Toledo (ROA), Mario Weigand sowie den Teams von San Pedro Cultural, Cielo y Tiedra, Planetario de Aragón und dem Observatorio Astronómico de Cantabria.

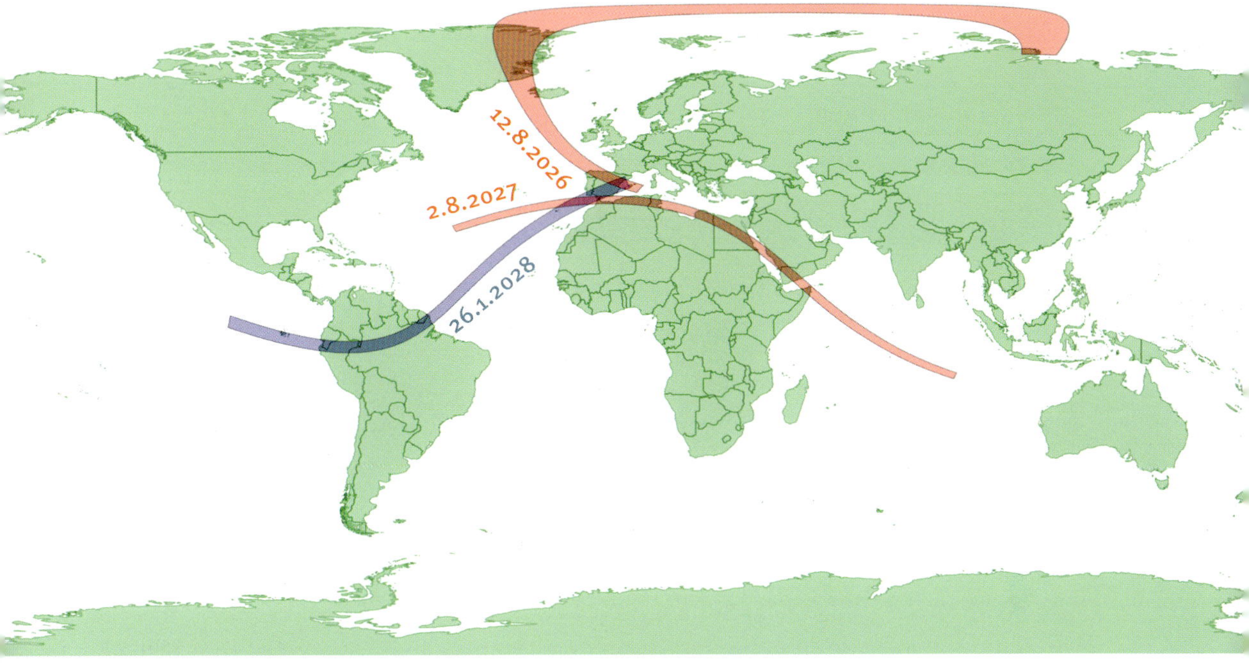

Drei Mal steht Spanien im Fokus: Die Pfade der totalen Sonnenfinsternisse vom 12.8.2026 und 2.8.2027 berühren das Land ebenso wie die ringförmige Finsternis vom 26.1.2028.

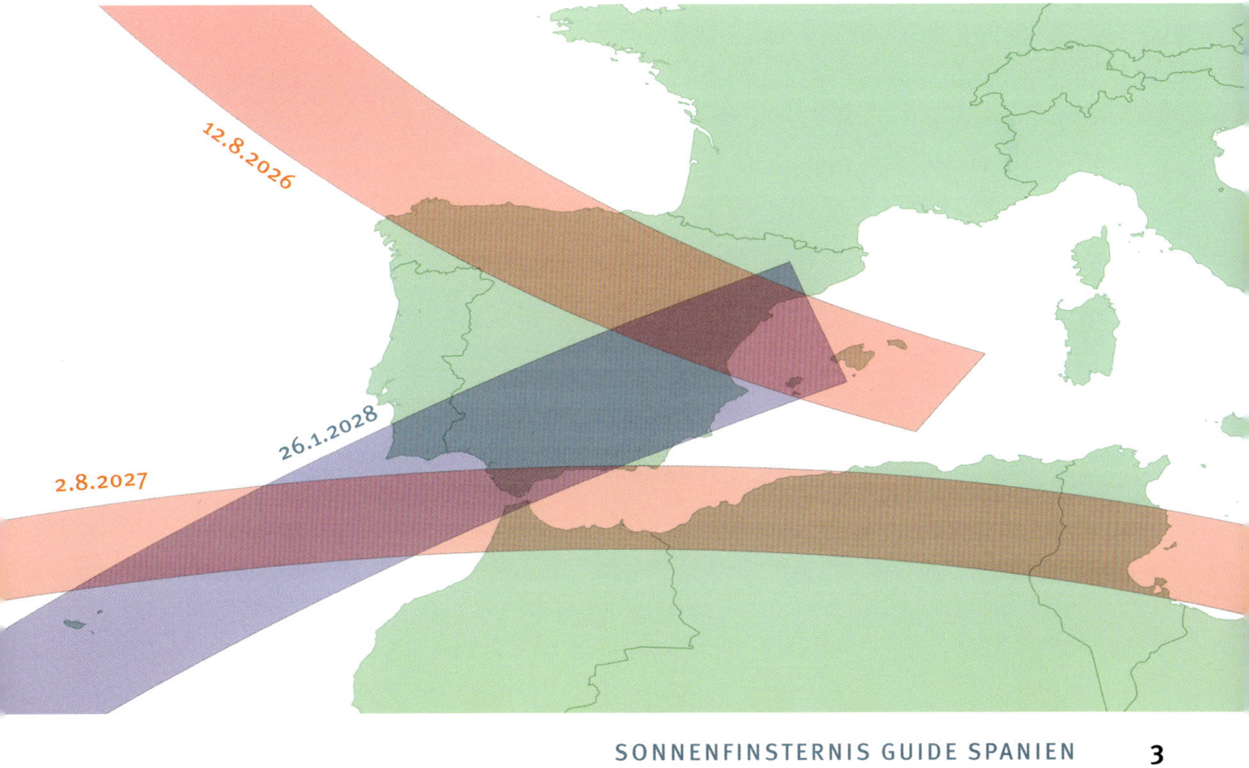

Inhalt

Drei auf einen Schlag! 2

Danksagung 2

DRAMEN AUS LICHT UND SCHATTEN 8

Der Faktor 400 9

So entsteht eine Sonnenfinsternis 10

Typen von Sonnenfinsternissen 11

Häufigkeit von Finsternissen 12

Hybride Sonnenfinsternisse 13

Mondfinsternisse 13

Partielle Sonnenfinsternisse 14

- Größe und Bedeckungsgrad 14
- Ablauf einer partiellen Sonnenfinsternis 15
- Phänomene einer partiellen Sonnenfinsternis 17

Totale Sonnenfinsternisse 18

- Totalitätszone und Zentrallinie 18
- Ablauf einer totalen Sonnenfinsternis 19
- Phänomene einer totalen Sonnenfinsternis 21

Ringförmige Sonnenfinsternisse 25

- Zone der Ringförmigkeit 25
- Ablauf einer ringförmigen Sonnenfinsternis 25
- Phänomene einer ringförmigen Sonnenfinsternis 26

DIE TOTALE SONNENFINSTERNIS AM 12. AUGUST 2026 28

Allgemeiner Verlauf 29

Der Finsternisverlauf in Spanien 29

- Die Nordküste: Galicien, Asturien, Kantabrien und Baskenland 30

Meseta Central bis nördliches Ebrotal: Kastilien und León, La Rioja, Navarra 34
Das Ebrotal: Aragón und Katalonien 39
Das Zentrum: Madrid, Kastilien-La Mancha bis Region Valencia 41
Die Mittelmeerküste: Tarragona bis Valencia 43
Die Balearen: Mallorca, Menorca, Ibiza, Formentera 46
Das Augustwetter in Spanien 49
Quellwolken und Konvektion 50
Wolken an den Küsten 51
Grenzen der Statistik 52
Nordwestwetter 52
Calima und Waldbrände 52
Der Himmel während der Totalität 52
Planeten 53
Sterne 53

DIE TOTALE SONNENFINSTERNIS AM 2. AUGUST 2027 54

Eine Streifschuss-Finsternis 55
Allgemeiner Verlauf 55
Der Finsternisverlauf in Spanien 57
Cádiz und die Costa de la Luz 57
Campo de Gibraltar und Los Alcornocales 62
Ein Stückchen Spanien in Afrika: Ceuta und Melilla 65
Marbella, Málaga, Almería: die Mittelmeerküste 66
(Fast) perfekte Wetteraussichten 70
Der Himmel während der Totalität 73
Planeten 73
Sterne 73

DIE RINGFÖRMIGE SONNENFINSTERNIS AM 26. JANUAR 2028 74

Ein Feuerring der dicken Sorte 75
Allgemeiner Verlauf 75
Der Finsternisverlauf 78
Portugal: Algarve 78
Spanien: Sevilla 80
Spanien: Córdoba 82
Spanien: Sierra Nevada 83
Spanien: Balearen 84
Topografie entlang des Finsternispfads 85
Klima und Wolken-wahrscheinlichkeit 86
Trotz Winter: Gute Aussichten auf die Finsternis 88
Der Himmel während der Totalität 88

SONNENFINSTERNISSE BEOBACHTEN 89

Welche Filter gibt es? 91
Alternative zum Filter: Projektionsmethode 92
Totale Sonnenfinsternisse beobachten 93
1. Kontakt – das Schauspiel beginnt 93
Nach dem 1. Kontakt – die partielle Phase 94
15 Minuten vor dem 2. Kontakt 94
1 Minute vor dem 2. Kontakt 95
Sekunden vor dem 2. Kontakt 96
2. Kontakt und Totalität 96
Mitte der Finsternis 98
Ende der Totalität und 3. Kontakt 99
Zweite partielle Phase bis zum 4. Kontakt 100
Ringförmige Finsternisse beobachten 100
Der ideale Beobachtungsplatz 102

SONNENFINSTERNISSE FOTOGRAFIEREN 103

Stimmungs- und Landschafts-aufnahmen 104

Sonne und Mond im Detail 105

Fokus 106

Montierung und Nachführung 106

Belichtungszeit 107

Weitere Kameraeinstellungen 110

Sonnenfinsternis-fotos mit dem Smartphone 111

Daten zu den Finsternissen 114

Sonnenfinsternisse bis 2050 122

Webseiten 124

- Portale zu den drei Finsternissen 124
- Sonnenfinsternisse allgemein 124
- Finternis-Fotografen 124
- Tourismus 124
- Verkehr 124
- Finsternis 12.8.2026 124
- Finsternis 2.8.2027 125
- Fotografie 125
- Wetter 125

Bildnachweis 126

Impressum 126

Haftungsausschluss 126

KAPITEL 1

Dramen aus Licht und Schatten

Eine totale Sonnenfinsternis ist ein Himmelsdrama aus Licht und Schatten, mit unserer Erde in der Rolle des Zuschauers. Wir verdanken es zwei Protagonisten, die unterschiedlicher kaum sein könnten – und einem bemerkenswerten Zufall!

Der Faktor 400

Unsere Sonne ist ein Stern – eine selbstleuchtende Kugel aus heißem, ionisiertem Gas. Sie ist 1,4 Millionen Kilometer groß und 150 Millionen Kilometer von uns entfernt. Der Mond ist ein kalter, felsiger Körper mit einem Durchmesser von 3476 Kilometern und einem mittleren Abstand zur Erde von 380.000 Kilometer. Im Vergleich zur Sonne ist der Mond also etwa 400 Mal kleiner, aber auch 400 Mal näher als die Sonne. Dank dieses zahlenmäßigen Zufalls erscheinen Sonne und Mond am Himmel praktisch gleich groß, etwa ein halbes Grad (rund 30 Bogenminuten) im Durchmesser. Deshalb vermag der Mond die Sonnenscheibe vollständig zu verdecken.

Die Winkelgrößen von Sonne und Mond variieren ein wenig, weil Erdbahn und Mondbahn Ellipsen sind. Der scheinbare Sonnendurchmesser ist zum Perihel am größten, wenn die Erde der Sonne am nächsten kommt. Das ist Anfang Januar der Fall. Im Juni, zum Aphel, ist er am kleinsten. Der Unterschied beträgt nur 3,3% und fällt kaum auf.

Der scheinbare Monddurchmesser zwischen Perigäum und Apogäum, dem erdnächsten und dem erdfernsten Punkt der Mondbahn, schwankt um 14%. Auch das fällt nicht unmittelbar auf, der schwankende scheinbare Monddurchmesser (und zu einem geringeren Teil der schwankende scheinbare Sonnendurchmesser) sorgen aber dafür, dass es sehr unterschiedliche Sonnenfinsternisse geben kann.

So entsteht eine Sonnenfinsternis

Bei einer Sonnenfinsternis bedeckt der Mond die Sonne aus Sicht der Erde ganz oder teilweise. Damit das geschehen kann, muss er auf seiner Bahn zwischen Erde und Sonne stehen. Das ist alle 29,5 Tage zu Neumond der Fall. In diesen 29,5 Tagen spielt der Mond alle Mondphasen durch. Man spricht auch von einem synodischen Monat oder einer Lunation. Doch nicht alle 29,5 Tage, also jeden Neumond, kommt es zu einer Sonnenfinsternis. In den allermeisten Monaten wandert der Mond bei Neumond nördlich oder südlich an der Sonne vorbei.

Um die Sonne bei Neumond verdecken zu können, muss der Mond zugleich in einem seiner beiden Bahnknoten stehen. Die Bahnknoten bezeichnen die Schnittpunkte zwischen der Ebene der Mondbahn um die Erde und der Ebene der Erdbahn um die Sonne, die Ekliptik. Diese Ebenen sind um etwa fünf Grad gegeneinander gekippt. Man spricht vom aufsteigenden oder vom absteigenden Knoten, je nachdem, ob der Mond die Erdbahnebene von Süd nach Nord oder von Nord nach Süd kreuzt.

Wenn der Mond seine Neumondstellung erreicht und gleichzeitig in einem der beiden Mondknoten steht (bzw. in der Nähe eines der Knoten) sind Sonne-Mond-Erde exakt ausgerichtet. Das ist etwa alle fünf oder sechs synodischen Monate der Fall: Mit anderen Worten: Mindestens zwei Mal im Jahr kommt es zu einer Sonnenfinsternis – in „guten" Jahren sogar bis zu fünf Mal!

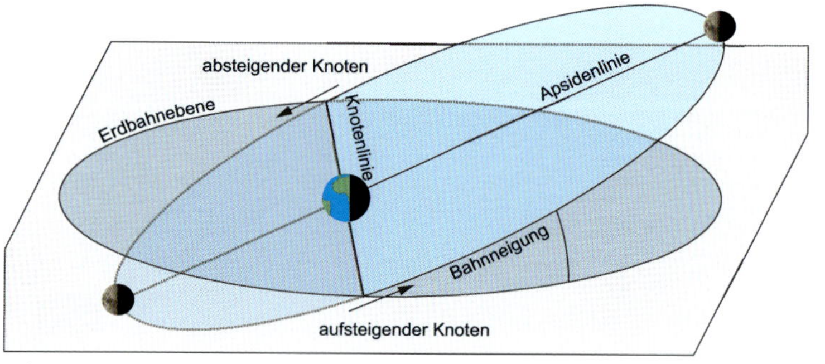

Erd- und Mondbahn in schematischer Darstellung: Die Mondbahn ist gegenüber der Erdbahn verkippt, die Bahnebenen schneiden sich in den in den Knotenpunkten.

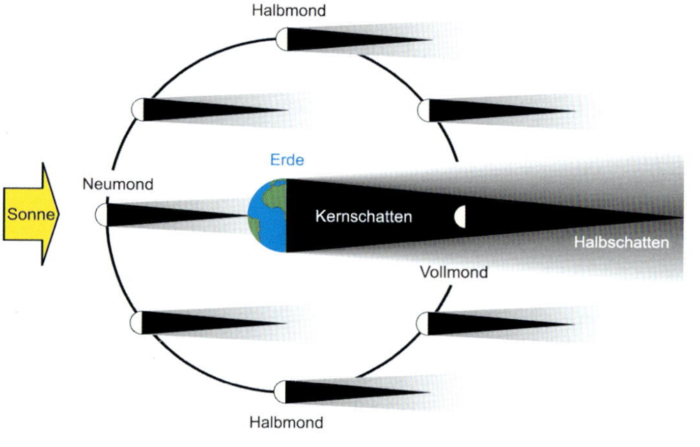

Die Mondbahn mit den Schattenwürfen von Erde und Mond. Nur bei Neumond kann es zu einer Sonnenfinsternis kommen, nur bei Vollmond zu einer Mondfinsternis.

Wie lange dauert ein Mondumlauf?

Der synodische Kalendermonat ist länger als die Umlaufzeit des Mondes um die Erde von 27,3 Tagen. Der Unterschied kommt dadurch zustande, dass die Erde während eines Mondumlaufs um 1/12 auf ihrer Bahn um die Sonne weiter rückt. Daher muss der Mond noch gut zwei Tage weiter wandern, ehe er wieder in Bezug auf die Sonne am gleichen Platz steht, also wieder die gleiche Mondphase einnimmt. Die Mondumlaufperiode heißt auch siderischer Monat. Der synodische Monat schwankt darüber hinaus im Laufe eines Jahres zwischen 29,2 und 29,8 Tagen, mit 29,5 Tagen als Mittelwert. Der Grund dafür ist, dass sich die Erde auf ihrer elliptischen Bahn unterschiedlich schnell bewegt, mit der höchsten Geschwindigkeit im Perihel.

Drakonitischer Monat und Saros-Zyklus

Neben dem synodischen Monat (29,5 Tage) spielen zwei weitere Periodizitäten eine Rolle: Der Zeitraum zwischen zwei aufeinanderfolgenden Bahnknotendurchgängen (aufsteigend oder absteigend) beträgt 27,2 Tage. Man bezeichnet ihn als drakonitischen Monat. Der Zeitraum zwischen zwei aufeinanderfolgenden Durchgängen durch das Perigäum (26,6 Tage) ist der anomalistische Monat. Diese drei Periodendauern sind unterschiedlich lang, weil das System Erde-Mond durch den Einfluss der Sonne erheblich gestört wird. In dem Drei-Körper-System Sonne-Erde-Mond bewegt sich die Mondbahn selbst, also ihre Bahnknoten und ihr Perigäum, um die Erde.

Seit Jahrtausenden ist bekannt, dass sich Sonnenfinsternisse (und auch Mondfinsternisse) in einem regelmäßigen Rhythmus wiederholen, der als Saros-Zyklus bekannt ist. Ein Saros dauert 6585,32 Tage, oder etwa 18 Jahre und 11 Tage und ist ein Vielfaches von synodischen, drakonitischen und anomalistischen Monaten: Etwas über 18 Jahre nach einer Finsternis findet typischerweise eine weitere statt.

Typen von Sonnenfinsternissen

Sind Sonne-Mond-Erde exakt ausgerichtet, tritt die Erde – bzw. ein Teil von ihr – in den Schatten des Mondes ein: eine Sonnenfinsternis entsteht. Weil die Sonne ein leuchtender Körper ist, der Mond aber nicht, und die Sonne gleichzeitig größer ist als der Mond, hat der Mondschatten die Form eines von der Sonne weg gerichteten, spitz zulaufenden Kegels. Der Schattenbereich in diesem Kegel heißt Kernschatten oder Umbra. Innerhalb der Umbra verschwindet die Sonne vollständig hinter dem Mond – die Sonnenfinsternis ist total.

Außerhalb der Umbra befindet sich die Zone des Halbschattens oder Penumbra. Von der Penumbra aus gesehen wird die Sonne nur

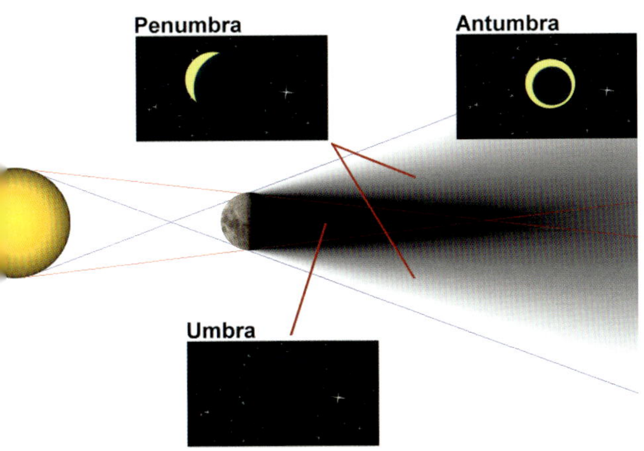

Umbra, Penumbra und Antumbra des Mondes erzeugen totale, partielle und ringförmige Sonnenfinsternisse.

teilweise durch den Mond bedeckt, die Sonnenfinsternis ist also partiell. Die Penumbra hat die Form eines divergierenden Kegels, erfasst also einen viel größeren Raumbereich als die Umbra.

Schließlich ergibt sich hinter dem Endpunkt des Kegels der Umbra ein weiterer Bereich: die Antumbra. In diesem erscheint der Mond vollständig vor der Sonnenscheibe, aber wegen der nun zu großen Entfernung kleiner als diese. Die Sonne erscheint als heller Ring um den dunklen Mond, die Sonnenfinsternis ist hier ringförmig.

Damit es zu einer partiellen Sonnenfinsternis kommen kann darf der Mond bei Neumond nicht weiter als 16,9° von einem Mondknoten entfernt stehen. Der Kernschatten des Mondes verfehlt in diesem Fall die Erde nördlich oder südlich, und nur der divergierende Halbschatten trifft die Erdoberfläche.

Befindet dich der Mond näher als 10,9° zum Mondknoten, kommt es zu einer totalen oder ringförmigen Sonnenfinsternis, je nachdem, ob er auf dem erdnahen oder erdfernen Teil seiner Bahn steht. Der Kernschatten des Mondes ist nur 373.161 Kilometer lang – er reicht also gerade zur Erde, wenn der Mond nahe des Perigäums steht.

Häufigkeit von Finsternissen

Zwischen August 2026 und Januar 2028 können wir zwei totale und eine ringförmige Sonnenfinsternis über Europa sehen, noch dazu auf der Iberischen Halbinsel über Spanien und Portugal. Eine solche Häufung ist außergewöhnlich!

Partielle Sonnenfinsternisse sind mit einem Anteil von etwa 36% der häufigste Sonnenfinsternistyp. Ringförmige sind mit 33% etwas häufiger als totale (26%), denn in Erdferne bewegt sich der Mond den Gesetzen der Himmelsmechanik folgend langsamer. Das macht eine Finsternis nahe des Apogäums wahrscheinlicher als im Perigäum.

Auch wenn, wie oben geschrieben, Sonnenfinsternisse pro Jahr mindestens zwei Mal auftreten, sind totale und ringförmige Sonnenfinsternisse für einen beliebigen Ort auf der Erde sehr viel seltener. Der Kernschatten des Mondes ist, wenn er auf die Erde trifft, nur noch knapp 300 Kilometer breit. Damit ist der Bereich, in dem sich eine totale Finsternis auf der Erde sehen lässt, sehr klein. Für einen speziellen Ort auf der Erde vergehen zwischen zwei aufeinanderfolgenden totalen Finsternissen also leicht Jahrhunderte!

Die Zone der Totalität, in der der Mond die Sonne vollständig verdeckt, überstreift auf der Erde einen schmalen, aber langgestreckten Pfad. Die Form des Pfads wird sowohl von der Bewegung des Mondes um die Erde als auch von der Rotation der Erde selbst bestimmt. Beide Bewegungen erfolgen von West nach Ost, was die Dauer der Totalität an deinem gegebenen Ort im Pfad etwas verlängert. Die Überlagerung beider Bewegungen ergibt einen Totalitätspfad, der in der Regel von West nach Ost verläuft. Wegen der Neigung der Erdachse von 23,5° verschiebt sich der Pfad auch etwas in Nord-Süd-Richtung.

In hohen geografischen Breiten sind Totalitätspfade sehr viel breiter als in Äquatornähe, da die Sonne hier tief am Himmel steht und ihr Licht (und damit auch der lunare Schattenkegel) die Erdoberfläche unter sehr flachen Winkeln trifft. Auch kann der Pfad hier streckenweise von Ost nach West verlaufen. Das ist zum Beispiel am 12. August 2026 der Fall.

Partielle Finsternisse sind wegen des größeren Mondhalbschattens in einem weiteren Bereich zu sehen, aber auch dieser erstreckt sich meist auf weniger als eine Hälfte der Erdkugel.

Hybride Sonnenfinsternisse

Hybride oder ringförmig-totale Sonnenfinsternisse sind ein ganz spezieller Fall. Sie machen die restlichen etwa fünf Prozent aller Finsternisse aus und entstehen, wenn der Mond im Übergangsbereich zwischen erdnahem und erdfernem Teil seiner Bahn steht. Hier wird die Finsternis nur dort total, wo die kugelförmig gewölbte Erdoberfläche gerade in den Kernschatten ragt – ansonsten bleibt sie ringförmig.

Mondfinsternisse

Viel häufiger als Sonnenfinsternisse entstehen Mondfinsternisse, denn bei einer Mondfinsternis taucht der Mond in den weitaus größeren Schatten der Erde ein. Dies kann nur dann geschehen, wenn der Mond wiederum nahe einem der beiden Knotenpunkte seiner Bahn und die Erde gleichzeitig zwischen Sonne und Mond steht – also bei Vollmond.

Auch Mondfinsternisse gibt es in drei Varianten. Bei einer Halbschattenfinsternis dringt der Mond in den sich ins Weltall aufweitenden Halbschatten (Penumbra) der Erde ein. Würde man auf dem Mond stehen, könnte man eine partielle Sonnenfinsternis verfolgen, bei der die Erde einen Teil der Sonne verdeckt.

Die gesamte zur Erde gerichtete Mondoberfläche wird vom Licht der noch sichtbaren Sonne erleuchtet. Halbschattenfinsternisse fallen aus Sicht der Erde kaum auf: Allenfalls eine Mondseite verdunkelt sich fast unmerklich.

Bei einer partiellen Mondfinsternis taucht ein Teil des Mondes in den dunklen, hinter der Erde zusammenlaufenden Kernschatten (Umbra) der Erde ein. Für einen Astronau-

Während einer totalen Mondfinsternis färbt sich der Mond im Atmosphärenlicht der Erde rot.

ten auf diesem Teil der Mondoberfläche verschwindet die Sonne vollständig hinter der Erde. Der restliche Teil bleibt im abgeschwächten Sonnenlicht. Aus Sicht der Erde erscheint der verdunkelte Teil der Mondoberfläche dunkelgrau.

Eine totale Mondfinsternis entsteht, wenn der gesamte Mond in den Kernschatten der Erde eintaucht. Der Mond verfärbt sich hell- bis dunkelrot und kann für das Auge auch fast verschwinden – aber nie ganz. Ein Rest Sonnenlicht wird durch die Erdatmosphäre auf den Mond gelenkt.

Dieses Licht verfärbt sich rot, weil nur sein langwelliger, roter Anteil die Atmosphäre durchdringt. Das kurzwellige, blaue Licht wird von den Luftmolekülen und Aerosolen gestreut. Ein Astronaut würde vom Mond aus einen rot glühenden Ring um die schwarze Erde sehen – ein spektakulärer Anblick, den bislang noch nie ein Mensch erlebt hat!

Mondfinsternisse sind häufiger als Sonnenfinsternisse, denn der Erdschatten ist weit größer als der Schatten des Mondes. Der Erdkernschatten erstreckt sich bis 1,4 Millionen Kilometer ins All und misst an der Mondbahn noch das zwei- bis dreifache des Monddurchmessers. Der Halbschatten ist sogar noch viel größer. Daher kann der Mond auch dann noch vom Erdschatten getroffen werden, wenn er weiter als 16,9° von einem Mondknoten entfernt steht.

Aus diesem Grund wird eine Sonnenfinsternis zwei Wochen vorher bzw. zwei Wochen nachher meist von einer oder sogar zwei Mondfinsternissen begleitet: Zwei Wochen vor bzw. nach einer Sonnenfinsternis steht der Mond – dann als Vollmond – nämlich am gegenüberliegenden Bahnknoten.

Eine Mondfinsternis ist von jedem Ort auf der Erde zu sehen, an dem der Mond zum Zeitpunkt der Finsternis über dem Horizont steht. Eine Mondfinsternis ist also, ganz oder in Teilen, von gut zwei Dritteln der Erdoberfläche zu sehen.

Partielle Sonnenfinsternisse

Bei einer partiellen Sonnenfinsternis verfehlt der Kernschatten des Mondes die Erde, nicht aber der Halbschatten: Aus Sicht der Erde wandert die Mondscheibe mittig versetzt vor der Sonnenscheibe vorbei. Das Ergebnis ist eine unvollständige Bedeckung. Partielle Finsternisse sind die häufigste Form einer Sonnenfinsternis.

Totale und ringförmige Finsternisse sind außerhalb des Totalitätspfads bzw. des Pfads der Ringförmigkeit als partielle Finsternis zu sehen. Auch im Pfad beginnen und enden sie mit einer partiellen Phase.

Größe und Bedeckungsgrad

Die Größe oder Magnitude (engl. eclipse magnitude) einer partiellen Sonnenfinsternis beschreibt den maximalen Anteil des vom Mond bedeckten Sonnendurchmessers in Prozent. Bei einer Finsternis der Größe 50% (oder 0,5) bedeckt der Mond zum Höhepunkt der Finsternis genau die Hälfte des Sonnendurchmessers.

Der Bedeckungsgrad (engl. eclipse obscuration) beschreibt den Anteil der vom Mond bedeckten Fläche der Sonnenscheibe. Bei einem

Bei einer partiellen Sonnenfinsternis bedeckt der Mond die Sonne nur teilweise.

Bedeckungsgrad von 90% (oder 0,9) sind zur Mitte der Finsternis nur noch zehn Prozent der Sonnenscheibe zu sehen.

Diese beiden Werte sind nicht gleich, wie man sich anhand einer partiellen Finsternis mit einer Größe von 0,5 überlegen kann: Da die Mondscheibe kreisförmig ist, ist bei einer Bedeckung von 50% des Sonnendurchmessers noch deutlich mehr als die Hälfte der Sonnenscheibe sichtbar.

Sehr häufig findet man Angaben zum Bedeckungsgrad, wenn eigentlich die Größe gemeint ist. In diesem Buch verwenden wir, sofern nicht explizit angegeben, die Größe einer Finsternis, weil man sich den bedeckten Anteil des Sonnenradius einfacher vorstellen kann als den der Fläche.

Bei einer Größe von wenigen Prozent fällt eine partielle Sonnenfinsternis nur auf, wenn man direkt (mit Sonnenfilter) in die Sonne blickt. Bei einer Größe von 90% oder mehr nehmen das Umgebungs-Sonnenlicht und die Temperatur spürbar ab. Selbst eine zu 99% bedeckte Sonne ist aber noch zu hell, als das man sie ohne Filter am Teleskop bzw. Finsternisbrille betrachten könnte!

Ablauf einer partiellen Sonnenfinsternis

Eine partielle Finsternis beginnt mit dem ersten Kontakt: Das ist der Moment, an dem die Mondscheibe die Sonnenscheibe das erste Mal berührt.

Der erste Kontakt findet am westlichen Sonnenrand statt – und zwar entweder am nordwestlichen (wenn der Mond im absteigenden

Knoten steht, die Ekliptik also von Nord nach Süd passiert) oder am südwestlichen (bei aufsteigendem Mondknoten).

Den Moment des ersten Kontakts bemerkt man nicht, denn solange der Mond neben der Sonne steht, kann man ihn nicht sehen. Es dauert eine oder zwei Minuten, bis der Beginn der Sonnenfinsternis erkennbar wird: Ein kleines Stück der Sonnenscheibe scheint „abgebissen". Mit einem Fernglas und erst recht einem Teleskop (geschützt durch einen Sonnenfilter) fällt das am schnellsten auf.

Die Mitte der Finsternis ist erreicht, wenn die Größe der Finsternis bzw. ihr Bedeckungsgrad, den maximalen Wert erreicht. Dieser Wert hängt von der geografischen Position des Beobachters ab.

Die maximale Finsternis (eng. greatest eclipse) ist die maximale Größe bzw. der maximale Bedeckungsgrad der Finsternis. Sie wird nur an einem einzigen Punkt des gesamten vom Halbschatten getroffenen Gebiets auf der Erde erreicht, und zwar an demjenigen, an dem die Schattenkegelachse des Mondes dem Zentrum der Erde am nächsten kommt.

Die Tiefe einer Finsternis, egal ob partiell, total oder ringförmig, wird durch den Gammawert beschrieben. Dieser ist definiert als der Abstand der Mondschattenachse vom Erdmittelpunkt in Einheiten des Erdradius: Je kleiner der Gammawert, desto zentraler trifft der Mondschatten die Erde. Totale und ringförmige Sonnenfinsternisse haben Gammawerte zwischen 0 und 1, bei partiellen Finsternissen ist der Gammawert größer als 1. Der Gammawert wird zum Zeitpunkt der größten Verfinsterung definiert, wenn sein absoluter Wert am geringsten ist.

Bei rein partiellen Sonnenfinsternissen (die partiellen Phasen totaler und ringförmiger Finsternisse ausgenommen) liegt der Punkt der maximalen Finsternis entweder im nördlichen oder südlichen Polarbereich. Der Kernschatten des Mondes verfehlt die Erde nördlich bzw. südlich. Aus diesem Grunde sind rein partielle Finsternisse stets auf eine der beiden Erdhemisphären beschränkt.

Nach der Mitte der Finsternis nehmen Größe und Bedeckungsgrad wieder ab; der Mond gibt immer mehr Sonne frei. Die Finsternis endet schließlich mit dem zweiten Kontakt – dem Moment, an dem die Mondscheibe sich wieder von der Sonne löst.

Collage der partiellen Sonnenfinsternis vom 20. März 2015.

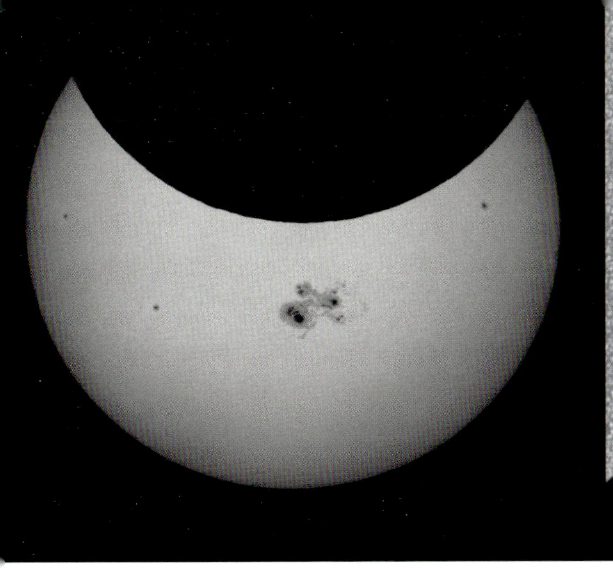

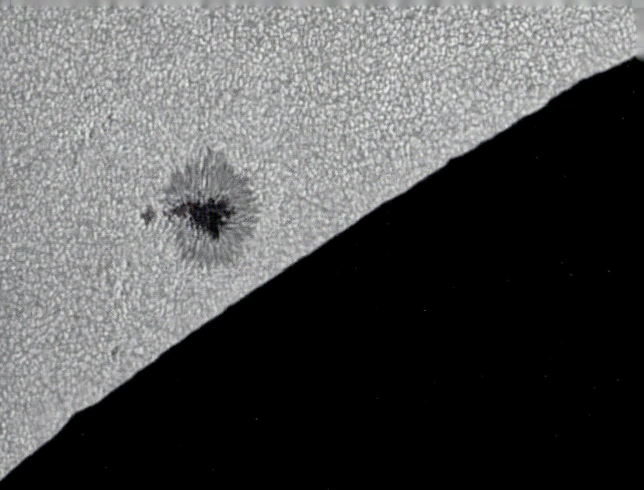

Eine besonders große Sonnenfleckengruppe ist ein Glücksfall bei einer Sonnenfinsternis.

Der Mondrand bei hoher Vergrößerung im Teleskop.

Phänomene einer partiellen Sonnenfinsternis

Während einer partiellen Sonnenfinsternis lassen sich verschiedene Phänomene verfolgen. Manche sind mit dem bloßen Auge zu erkennen, andere nur mit einem mit Sonnenfilter ausgestatteten Fernglas oder Teleskop.

Sonnenflecken

Sonnenflecken, dunkle Gebiete auf der Sonnenphotosphäre, sind fast immer sichtbar. Während einer partiellen Sonnenfinsternis erscheinen jedoch die dunklen Zentren der Sonnenflecken (genannt Umbra, nicht zu verwechseln mit der Umbra des Mondschattens) im Vergleich zur pechschwarzen Mondscheibe grau und nicht schwarz. Große Sonnenflecken sieht man schon mit bloßem Auge (und Finsternisbrille) oder einem Fernglas. Ein Teleskop zeigt auch kleinere Flecken und Details, etwa die dunklere Umbra (den Kernbereich des Flecks) und die hellere Penumbra.

Mondrand

Im Teleskop erscheint der Rand der Mondsilhouette nicht glatt wie der Sonnenrand, sondern wegen der Berge und Täler auf der Mondoberfläche unregelmäßig und rau. Die Mondberge sind bis zu 5000 Meter hoch, manche Täler mehr als 1000 Meter tief.

Sichelbilder

Besonders auf ebenen, hellen Flächen erscheinen bspw. unter Bäumen Sichelbilder der teilverfinsterten Sonne: Die Zwischenräume zwischen den Blättern wirken als Lochblenden, die das Sonnenbild auf den Boden projizieren. Mit einem Nudelsieb und einem Blatt Papier lässt sich dieser Effekt noch verstärken.

Fliegende Schatten

Bei sehr tiefen partiellen Finsternissen kann man auf hellen Flächen am Boden streifenförmige Schatten erkennen, die sich mit mehreren Metern pro Sekunde fortbewegen. Ein weißes Bettlaken auf dem Boden verstärkt

Sichelbilder lassen sich am besten unter Bäumen beobachten.

den Effekt. Die Fliegenden Schatten entstehen, wenn warme Luftzellen das von einer schmalen Sichel ausgesendete Sonnenlicht optisch brechen.

Auch erscheint die Umgebung bei einer sehr tiefen partiellen Finsternis in einem eigenartigen, als gelblich beschriebenen Licht. Farben verlieren ihre Strahlkraft. Die Schatten von Objekten, erzeugt durch die schmale Sichelsonne, erscheinen seltsam verzerrt und in einer Richtung „geschärft“. Die Temperatur fällt merklich, Wind kann aufleben.

Totale Sonnenfinsternisse

Bei einer totalen Sonnenfinsternis trifft der Kernschatten des Mondes einen schmalen Streifen auf der Erdoberfläche. Für einige Minuten kommt es zur Totalität – es wird am hellen Tag so dunkel wie während der Dämmerung nach Sonnenuntergang. Totale Finsternisse sind die mit Abstand spektakulärste Form einer Sonnenfinsternis. Am 12. August 2026 und am 2. August 2027 trifft der Kernschatten die Iberische Halbinsel und damit Kontinentaleuropa – das erste Mal seit 1999.

Bei einer totalen Finsternis sind zwei Zonen auf der Erdoberfläche zu unterscheiden: Die große, einen bedeutenden Teil der Tagseite der Erde umfassende Zone der partiellen Finsternis und die schmale Zone der Totalität, in der die Sonne ganz hinter dem Mond verschwindet. In der Totalitätszone erreichen Größe und Bedeckungsgrad der Finsternis 100%.

Totalitätszone und Zentrallinie

Nur in der Totalitätszone sind die Phänomene einer totalen Sonnenfinsternis zu sehen. Auch wenn die Größe der partiellen Finsternis in manchen Teilen der partiellen Zone weit über 90% beträgt – wer sich nicht in die Totalitätszone begibt, verpasst das Spektakel!

Während einer totalen Sonnenfinsternis bewegt sich der Mondschatten mit mehrfacher Schallgeschwindigkeit grob von West nach Ost. Die Totalitätszone ist dabei maximal einige hundert Kilometer breit, meist deutlich weniger. Sie erstreckt sich jedoch über viele tausend Kilometer.

Insgesamt benötigt der Kernschatten nur wenige Stunden, um einmal über die Erdkugel zu ziehen; bei der Finsternis am 2. August 2027 beispielsweise sind es etwas mehr als drei Stunden.

Die Totalitätszone wird entlang ihrer Mitte von der Zentrallinie in einen nördlichen und einen südlichen Teil geteilt. Je mehr man sich von der nördlichen oder südlichen Grenzlinie der Zentrallinie nähert, desto länger dauert die Totalität.

Die längste Totalität wird am Punkt der maximalen Finsternis erreicht, der auf der Mitte dieser Zentrallinie liegt. Dies ist der Punkt, an dem die Schattenkegelachse des Mondes dem Zentrum der Erde am nächsten kommt. Die maximal mögliche Dauer der Totalität kann bei idealen Bedingungen etwa 7,5 Minuten betragen, meist sind es deutlich weniger: Im August 2026 werden in Spanien auf der Zentrallinie etwas weniger als 2 Minuten erreicht, 2027 (außerhalb der Zentrallinie) bis zu 4,6 Minuten!

Ablauf einer totalen Sonnenfinsternis

Bei einer totalen Sonnenfinsternis kommt es entscheidend darauf an, wo man sich befindet – innerhalb oder außerhalb der Totalitätszone!

Außerhalb der Totalitätszone verläuft die Finsternis partiell und damit genau wie eine rein partielle Finsternis: Sie beginnt mit dem ersten Kontakt, steigert sich zur Mitte der Finsternis und endet mit dem zweiten Kon-

Wie schnell ist der Kernschatten?

Der Mond bewegt sich auf seiner Erdumlaufbahn mit 3400 Kilometern pro Stunde von West nach Ost. Auch die Erde rotiert in Richtung Osten, am Äquator mit 1670 km/h. Weil beide Bewegungen in die gleiche Richtung verlaufen, ergibt sich die Geschwindigkeit des Mondschattens auf der Erde als die Differenz aus 3400 – 1670 = 1730 km/h. Das entspricht Mach 1,5, der anderthalbfachen Schallgeschwindigkeit. Dies ist jedoch nur der minimal mögliche Wert für den seltenen Fall, bei dem das Maximum einer Finsternis genau auf den Erdäquator fällt. Weiter Richtung Nord- oder Südpol ist die Rotationsgeschwindigkeit der Erdoberfläche geringer, und entsprechend schneller rast der Mondschatten über den Erdboden. An den Polen erreicht er rund 8000 km/h. Berücksichtigt man überdies die Krümmung der Erdkugel, dann wird der Schatten insbesondere an den Enden des Finsternispfads noch sehr viel schneller. Das liegt daran, dass die Schattenachse dort die Erdoberfläche fast tangential trifft. In der Mitte des Pfads ist der Schatten am langsamsten – aber immer noch so schnell wie ein Düsenjäger!

Collage der totalen Sonnenfinsternis vom 21. August 2017.

takt, wenn der Mond die Sonnenscheibe wieder freigibt. Zu keinem Zeitpunkt bedeckt der Mond die Sonne vollständig, zu keinem Zeitpunkt wird es dunkel.

Innerhalb der Totalitätszone beginnt die Finsternis ebenfalls, wenn der Mond die Sonnenscheibe erstmals berührt. Mit dem ersten Kontakt beginnt die erste partielle Phase der Finsternis. Sie dauert etwas mehr als eine Stunde. Je weiter sie fortschreitet, desto deutlicher wird, dass der Mond die Sonne vollständig bedecken wird – der Bedeckungsgrad erreicht immer größere Werte und schließlich 100%.

Das ist dann der Fall, wenn der Mond den gegenüberliegenden Sonnenrand berührt. Nun ist der zweite Kontakt erreicht. Die totale Phase der Finsternis, oder kurz die Totalität, beginnt. Sie kann, je nach den Umständen und je nach Entfernung von der Zentrallinie und dem Punkt der maximalen Finsternis, zwischen wenigen Sekunden und mehreren Minuten andauern, nie jedoch länger als 7,5 Minuten.

Die Dauer der Totalität hängt vom Beobachtungsort innerhalb der Totalitätszone ab: Je näher auf der Zentrallinie und je weiter in der Mitte der Totalitätszone, desto länger kann man den Mondschatten genießen.

Die Mitte der Finsternis wird nach der Hälfte der Totalitätsdauer erreicht. Genau auf der Zentrallinie steht der Mond nun mittig vor der Sonnenscheibe.

Die Totalität endet mit dem dritten Kontakt, wenn der erste Sonnenstrahl wieder hinter der Mondscheibe erscheint. Nun endet die Totalität und die zweite partielle Phase beginnt. Nach etwa einer weiteren Stunde endet auch diese mit dem vierten Kontakt: Der Mond gibt das letzte Stück Sonne frei und die Finsternis ist vorüber.

Die vier Kontaktzeiten bestimmen den Zeitrahmen der Sonnenfinsternis. Sie sind für jeden Ort im Finsternispfad verschieden und lassen sich z. B. von Webseiten oder Apps berechnen (vgl. Liste im Anhang).

Phänomene einer totalen Sonnenfinsternis

Während der partiellen Phasen vor und nach der Totalität lassen sich alle Phänomene einer partiellen Sonnenfinsternis verfolgen: der Mondrand, die Sichelbilder oder die Fliegenden Schatten. Während der Totalität und insbesondere in den kurzen Momenten um den zweiten und dritten Kontakt, treten die faszinierendsten Phänomene einer totalen Sonnenfinsternis in Erscheinung – Schlag auf Schlag und praktisch ohne Atempause!

Mondschatten

Wenige Sekunden vor dem zweiten Kontakt, kurz bevor die Totalität beginnt, erscheint der Horizont in westlicher Richtung des Finsternispfads pechschwarz. Er erinnert etwa an die Ankunft eines Gewitters – nur ohne Wolken. Das ist der Kernschatten, der mit mehrfacher Schallgeschwindigkeit auf den Beobachter zurast.

Perlschnurphänomen (Bailey's Beads)

Wenn die schmale Sonnensichel vor dem zweiten Kontakt zusammenschrumpft, fallen einige Sekunden lang Sonnenstrahlen durch einige Mondtäler. Sie wirken wie die Perlen auf einer Kette. Das Perlschnurphänomen dauert nur wenige Sekunden, dann verschwinden die Perlen eine nach der anderen, „fließen“ wie flüssiges Eisen in sich zusammen, bis nur noch eine einzige übrig bleibt. Nach dem dritten Kontakt wiederholt sich das Spiel, diesmal am gegenüberliegenden Mondrand.

Diamantringeffekt

Für einen kurzen Moment vor dem zweiten Kontakt, eine Sekunde vielleicht, strahlt noch der letzte Sonnenstrahl durch ein Mondtal. Er wirkt wie das Funkeln eines Diamanten. Gleichzeitig erscheint die nun fast vollständig verdeckte Sonne als heller Ring um den pechschwarzen Mond. Auch der Diamantring wiederholt sich nach dem dritten Kontakt am gegenüberliegenden Mondrand.

Der Perlschnureffekt ist nur wenige Sekunden zu sehen.

Der Diamantringeffekt markiert Anfang und Ende der Totalität.

Sonnenkorona

Die Korona ist das visuell beeindruckendste Merkmal der Sonnenfinsternis. Sie markiert die äußerste Sonnenatmosphäre und besteht aus extrem dünnen, zwei Millionen Grad heißem Plasma, das sich weit in den interplanetaren Raum erstreckt. Mit dem Verschwinden des Diamantrings, dem letzten Sonnenstrahl, erscheint die Korona als perlmuttartig schimmernder Strahlenkranz um die verdunkelte Sonne. Ihre vor allem im Teleskop sichtbaren Filamente reichen von der Sonne in alle Richtungen, überlappen sich teilweise, wirken verdreht.

Die Form der Korona ist eng mit dem 11-jährigen Aktivitätszyklus der Sonne verknüpft. Während des solaren Maximums erscheint sie wie die Blütenblätter einer Sonnenblume, symmetrisch um die gesamte Sonnenscheibe. Koronale Streamer, flammenartige Gebilde, erscheinen entlang des Sonnenäquators ebenso wie an den Polen. Während des solaren Minimums sind die Streamer hingegen entlang der mittleren Breiten konzentriert und ziehen sich zu beiden Seiten der Sonnenscheibe entlang des Äquators.

Während der totalen Finsternisse 2026 und 2027 wird sich die Sonne an der abfallenden Flanke des aktuellen Zyklus Nummer 25 befinden, dessen Maximum zum Zeitpunkt des Verfassens dieses Buchs für die zweite Hälfte des Jahres 2024 erwartet wird. Im August 2026 dürfte die Korona noch ihre Maximumskonfiguration haben, ein Jahr später (vielleicht) auch noch.

Chromosphäre und Protuberanzen

Die Chromosphäre ist eine besonders aktive Sonnenschicht zwischen der Photosphäre (der hellen „Sonnenoberfläche“) und der Korona. Sie besteht aus rund 10.000°C heißem Plasma, heißer als das der hellen Photosphäre. Das Plasma der Chromosphäre kann von starken Magnetfeldern auf der Sonne herausgehoben werden und bizarre Formen wie Strahlen, Bögen oder „Wälder“ annehmen.

Diese Auswürfe, die Protuberanzen, kann man normalerweise nur mit speziellen Son-

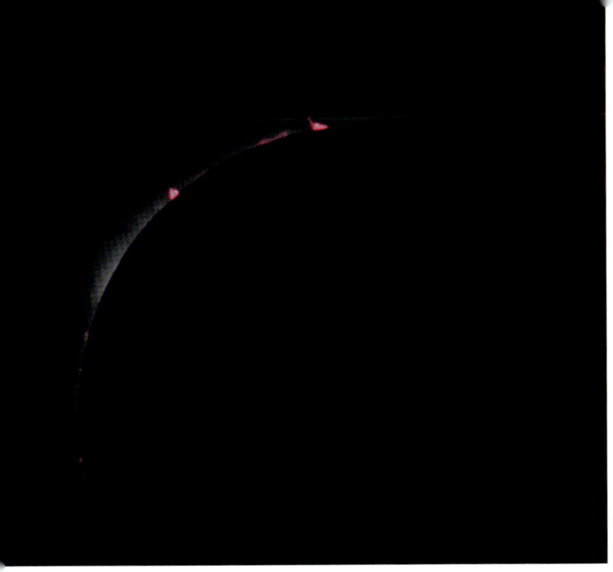

Protuberanzen während der Totalität. Wer vor der Finsternis wissen will, wo welche Protuberanzen zu sehen sind, kann ein H-Alpha-Sonnenteleskop benutzen oder auf die Webseite der Global Oscillation Network Group GONG gong.nso.edu schauen.

nenteleskopen sehen. Während der Totalität einer Sonnenfinsternis erkennt man sie mit bloßem Auge. Ihr Licht erscheint in einem sehr eigenartigen Rot, das von Beobachtern als leuchtend rosa beschrieben wird. Man sieht sie besonders gut nach dem zweiten und vor dem dritten Kontakt, und zwar an jeweils der Sonnenseite, die gerade vom Mond bedeckt bzw. in Kürze freigegeben wird. Mit etwas Glück kann man eine besonders große

Warum ist die Korona weiß?

Die Farbe der Sonnenphotosphäre, der normalerweise einzig sichtbaren Sonnenschicht, erscheint weiß, denn ihr Licht entstammt einem kontinuierlichen Spektrum, in dem alle Regenbogenfarben vertreten sind. Bei der Temperatur der Photosphäre von etwa 5900°C liegt das Maximum der Strahlung im grünen Bereich, mischt sich aber mit allen anderen Farben zu reinem Weiß.

In der über der Photosphäre liegenden Chromosphäre nimmt die Dichte des Plasmas ab. Auch die Temperatur sinkt zunächst, um in der oberen Chromosphäre auf über 10.000°C anzusteigen. Die Energie wird nun nicht kontinuierlich (in allen Farben) abgestrahlt, sondern als Emissionslinien. Da die Sonne zum größten Teil aus Wasserstoff besteht und die hellste Emissionslinie des Wasserstoffs im sichtbaren Licht im roten Spektralbereich liegt, erscheint die Chromosphäre rot.

Die Korona ist ein ganz spezieller Fall. Ihre Teilchendichte ist extrem gering, doch die Temperatur erreicht zwei Millionen Grad. Bei diesen Temperaturen entsteht kein sichtbares Licht, sondern Röntgenstrahlung. Dass man die Korona dennoch während einer totalen Sonnenfinsternis sehen kann, liegt daran, dass die Elektronen in ihrem extrem heißen Plasma weitgehend von ihren Atomkernen getrennt sind und eine Art Elektronengas bilden, in dem das sichtbare Licht der Photosphäre gestreut wird. Dabei wird keine Wellenlänge bevorzugt, so dass das resultierende Streulicht eine weiße, schimmernde Farbe annimmt.

Dieses kontrastverstärkte Komposit aus Aufnahmen zwischen 0,4s und 1/50s Belichtungszeit zeigt die äußere Korona vor dunkelblauem Himmel. Der Erdschein erhellt die Mondscheibe, auf der Mondmeere und Strahlenkratersysteme zu erkennen sind.

Protuberanz auch über die gesamte Finsternis verfolgen.

Erdschein und Strukturen auf der dunklen Mondscheibe

Die der Erde zugewandte Mondseite ist nicht völlig dunkel, denn sie wird von der hell erleuchteten Erde angestrahlt. Mit Fernglas und Teleskop kann man Mondmeere oder Strahlenkratersysteme ausmachen, umgeben von dem hellen Kranz der Korona.

Planeten und Sterne

Während der Totalität wird der Himmel dunkel wie während der Dämmerung kurz nach Sonnenuntergang. Helle Sterne und Planeten werden sichtbar, insbesondere solche, die dicht bei der Sonne stehen und daher normalerweise von ihrem Licht überstrahlt würden. Mit ganz viel Glück ist sogar ein heller Komet in Sonnennähe zu erkennen.

Dämmerungsfarben

Richtung Horizont erscheint der Himmel während der Totalität hell und orangerot wie während der Dämmerung – aber 360° um den Beobachter herum.

Temperatur und Wind

Die nachlassende Sonneneinstrahlung in den letzten Minuten der partiellen Phase und während der Totalität sorgt für eine spürbare Abkühlung. Der sich ändernde Luftdruck kann einen plötzlichen „Finsterniswind“ auslösen – oder einen bereits wehenden Wind abschwächen oder seine Richtung ändern.

Reaktionen von Tieren und Pflanzen

Tiere und Pflanzen reagieren auf die plötzliche und unerwartete „Dämmerung“: Sie werden unruhig oder bereiten sich auf die vermeintlich beginnende Nacht vor, indem sie z. B. ihre Blütenkelche schließen.

Menschliche Finsternisemotionen

Schließlich reagiert auch die Spezies Mensch auf ganz besondere Weise auf das außergewöhnliche Schauspiel – selbst solche Exemplare, die schon einige Sonnenfinsternisse erlebt haben. Wenn man das Ereignis in Gruppen verfolgt, kann man die verschiedensten Finsternisemotionen in Ton und Bild miterleben.

Ringförmige Sonnenfinsternisse

Bei einer ringförmigen Sonnenfinsternis vermag der Mond die Sonnenscheibe nicht vollständig zu bedecken, weil er am Himmel kleiner erscheint als diese. Damit sind die meisten der im vorigen Abschnitt beschriebenen Phänomene einer totalen Sonnenfinsternis unsichtbar. Als Ausgleich bietet eine ringförmige Sonnenfinsternis den unvergleichlichen Anblick der Sonne als „Feuerring“.

Zone der Ringförmigkeit

Die geografischen Eigenschaften einer ringförmigen Sonnenfinsternis gleichen der einer totalen: In einem großen Bereich verläuft die Finsternis partiell. Statt eines Totalitätsstreifens ergibt sich eine ähnlich breite und lang gestreckte Zone der Ringförmigkeit: Innerhalb dieser Zone wandert der Mond vollständig vor die Sonne und lässt diese während einiger Minuten als Lichtring erscheinen.

Auch die Zone der Ringförmigkeit wird mittig von der Zentrallinie in einen nördlichen und einen südlichen Teil getrennt. Beobachter genau auf der Zentrallinie sehen den Mond zentral vor der Sonnenscheibe vorbeiziehen. Für den kurzen Moment der Finsternismitte erscheint der Sonnenring vollkommen symmetrisch.

Nördlich und südlich der Zentrallinie bleibt eine Seite des Rings stets dicker als die gegenüberliegende. Entlang der nördlichen und südlichen Grenzlinie streift der Mond mit einer Seite den Sonnenrand – die Sonne erscheint als extrem lang gestreckte Sichel mit sich berührenden Hörnerspitzen.

Ablauf einer ringförmigen Sonnenfinsternis

Außerhalb der Ringförmigkeitszone verläuft eine ringförmige Sonnenfinsternis partiell, wie bereits in den beiden vorherigen Abschnitten beschrieben.

In der Zone der Ringförmigkeit beginnt die Finsternis wie eine totale Finsternis mit dem ersten Kontakt, wenn der Mond die Sonnenscheibe erstmals berührt. Es beginnt die etwa eine Stunde dauernde erste partielle Phase.

Lange bevor der voranschreitende Mondrand den inneren Sonnenrand berührt, wird deutlich, dass die Mondscheibe kleiner als die Sonnenscheibe ist und es nicht zu einer vollständigen Bedeckung kommen wird. Während sich der voranschreitende Mondrand dem Sonnenrand nähert, verformt sich die Sonne „hinter“ dem Mond zu einer immer

Collage der ringförmigen Sonnenfinsternis vom 3. Oktober 2005. Sie war die letzte ringförmige Finsternis über Spanien.

länger werdenden Sichel, deren Hörner sich immer weiter aufeinander zubewegen.

Schließlich schließen sich die Hörner zu einem Ring – dies ist der zweite Kontakt der ringförmigen Finsternis. Während der Mond weiter über die Sonnenscheibe zieht, schrumpft die vorangehende westliche Ringseite, während die folgende östliche immer dicker wird.

Während der Ringförmigkeit erleuchtet der Sonnenring Himmel und Erde so stark, dass es nicht vollständig dunkel wird. Stattdessen ergibt sich ein schummriges Licht wie bei einer tiefen partiellen Finsternis. Sterne sieht man nicht, allenfalls sehr helle Planeten wie die Venus können sichtbar werden. Anders als die Totalität einer totalen Sonnenfinsternis darf man die ringförmige Phase niemals ohne Sonnenfilter bzw. Finsternisbrille betrachten!

Die Phase der Ringförmigkeit endet mit dem dritten Kontakt, wenn der Mond den vorangehenden östlichen Sonnenrand berührt und den Ring wieder zu einer – nun umgedrehten – Sichel aufbricht.

Nun beginnt die zweite partielle Phase. Sie endet mit dem vierten Kontakt, wenn der Mond die Sonnenscheibe wieder komplett freigibt.

Phänomene einer ringförmigen Sonnenfinsternis

Während einer ringförmigen Sonnenfinsternis, vor allem in und nahe der Zone der Ringförmigkeit, sind alle Phänomene einer partiellen Finsternis zu sehen: Mondrand, Sonnenflecken, Sichelbilder und bei einer sehr schmalen Sichel auch die Fliegenden Schatten.

Ringförmige Sichelbilder

Wenn die Sonne als Feuerring am Himmel steht, sind insbesondere die Sichelbilder einen zweiten Blick wert: Sie erscheinen nämlich nicht mehr als Sicheln, sondern als kleine Ringe – die Lochkameraabbildungen des solaren Feuerrings!

Extreme Sonnensichel

Eine weitere Besonderheit einer ringförmigen Sonnenfinsternis ist die außergewöhnliche Sichelform der Sonne um den zweiten und dritten Kontakt: Die extrem spitzen und sich gerade eben berührenden Hörner der Sonnensichel bieten ein Bild, das nicht von dieser Welt zu sein scheint. Manche Beobachter beschreiben die extreme Sonnensichel als noch

beeindruckender als den Feuerring selbst. Die extreme Sonnensichel mit den sich (fast) berührenden Hörnerspitzen bekommt man nahe der Zentrallinie zweimal zu sehen, beim zweiten und dritten Kontakt. Aber auch an den nördlichen und südlichen Grenzlinien und einige Kilometer außerhalb der Zone der Ringförmigkeit zeigt sich die Sonne als extreme Sichel, und das mehrere Minuten lang.

Perlschnurphänomen

Von den Phänomenen einer totalen Finsternis ist bei einer ringförmigen Finsternis nur das Perlschnurphänomen zu sehen: Beim zweiten und dritten Kontakt scheint das Sonnenlicht jeweils für einige Sekunden durch die Täler am Mondrand. Man betrachtet sie am besten durch ein (mit Sonnenfilter geschütztes) Teleskop. Auch an den Grenzlinien, an denen der Mondrand den der Sonne gerade streift, kann man das Phänomen verfolgen, hier aber zur Mitte der Finsternis.

Anders als bei einer totalen Finsternis hat man hierbei mehr Ruhe – schließlich braucht man sich nicht auf Chromosphäre, Diamantring und Korona zu konzentrieren!

Sonnensichel bei einer ringförmigen Sonnenfinsternis.

Der „Ring of Fire“ 2005, aufgenommen über dem Retiro-Park im Zentrum von Madrid.

KAPITEL 2

Die totale Sonnenfinsternis am 12. August 2026

Am 12. August 2026 trifft der Kernschatten des Mondes wieder europäischen Boden – zum ersten Mal seit dem 11. August 1999! Die erste des iberischen Finsternistrios ereignet sich in den späten Nachmittagsstunden und ist durch eine tief stehende Sonne charakterisiert. Auf den Balearischen Inseln kann man die Totalität sogar knapp vor dem Sonnenuntergang erleben. Das bietet Chancen auf unvergessliche Blicke und spektakuläre Fotos, hat aber auch seine Herausforderungen.

Allgemeiner Verlauf

Die Sonnenfinsternis am 12. August 2026 findet 2,3 Tage nach dem Perigäum statt. Der Mond misst 32' 42", die Sonne 31' 33". Der Gammawert der Finsternis ist mit 0,898 recht hoch, der Kernschatten trifft die Erde vor allem in der Arktis: Zwei Drittel des Totalitätspfads verlaufen über dem Meer, meist in polaren Regionen. Die totale Finsternis beginnt bei Sonnenaufgang um 16:59 Uhr UTC (18:59 Uhr MESZ) über der Laptew-See und der nahezu unbewohnten Taimyr-Halbinsel im Norden Sibiriens. Anschließend überquert der Mondschatten den Arktischen Ozean in Richtung Grönland. Den Nordpol verpasst er um 110 Kilometer.

Seine erste größere Landmasse erreicht der Kernschatten um 17:14 UTC (19:14 MESZ) an der Nordspitze Grönlands. In 24 Minuten überquert er die Insel von Nord nach Süd; um 17:38 UTC trifft er auf den Nordatlantik. Hier, etwa 40 Kilometer vor der Küste Islands bei 65° 49' Nord und 25° 29' West, erreicht die Totalität um 17:44 Uhr UTC (19:44 MESZ) ihre maximale Länge von 2 Minuten und 18 Sekunden.

Auf Island trifft der Kernschatten erstmals nennenswerte menschliche Siedlungen. Der Totalitätspfad erfasst die Westküste der Insel, darunter die Hauptstadt Reykjavik und die Halbinsel Vestfirðir (Westfjorde). Anschließend setzt der lunare Schatten seine Reise südwärts fort, wobei er Irland und die Britischen Inseln weiträumig umfährt.

Der Finsternisverlauf in Spanien

Nach mehr als 7000 Kilometern über Polarmeer, Eislandschaften und Nordatlantik hat der Kernschatten bereits mehr als fünf Sechstel seines Pfades auf der Erde hinter sich. Nun trifft er endlich, um 20:26 MESZ nahe der Ortschaft A Vila de Bares und 75 Kilometer nordöstlich der Hafenstadt La Coruña, erstmals das europäische Festland.

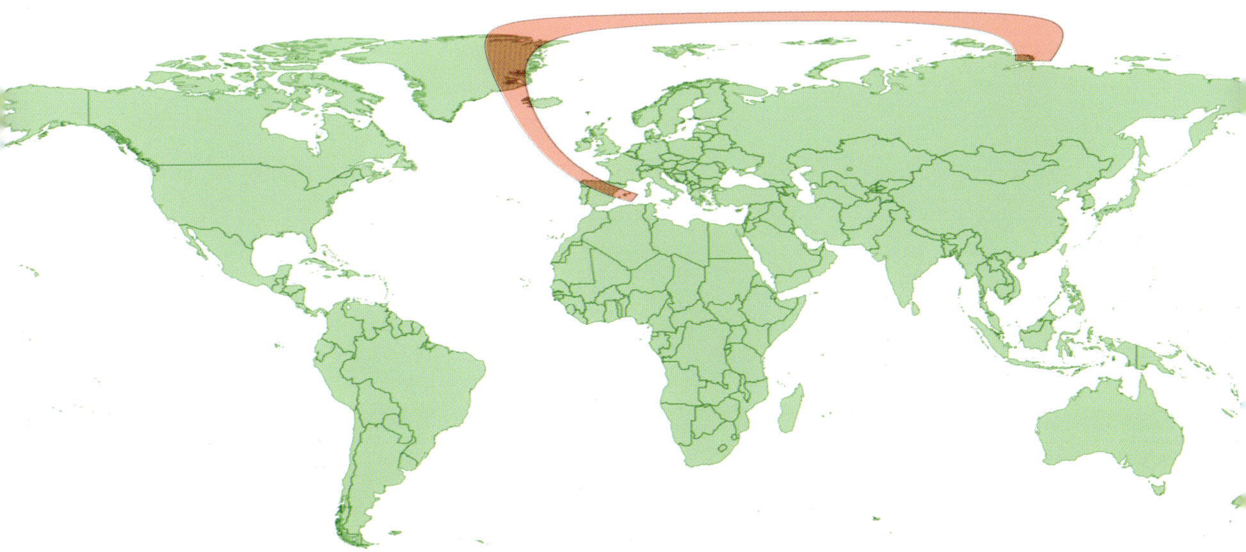

Der Finsternispfad verläuft von der spanischen Nordküste bis über die Balearischen Inseln. Ausschnitt aus der „Sky Quality Map Europe".

Innerhalb von nur fünf Minuten rast er über die letzten 1000 Kilometer seines Pfads von der Nordküste Spaniens bis zu den Balearischen Inseln im Mittelmeer – über zahlreiche Städte und eine abwechslungsreiche Landschaft.

Die Nordküste: Galicien, Asturien, Kantabrien und Baskenland

Nahezu die gesamte Nordküste Spaniens am Golf von Biskaya wird gegen 20:26 Uhr MESZ in den Kernschatten getaucht: Die Totalitätszone umfasst von West nach Ost die Hafenstadt La Coruña in Galicien, Avilés, Gijon und Oviedo in Asturien, Santander in Kantabrien und Bilbao im Baskenland. Das entspricht einer Luftlinie von 440 Kilometern.

Die Autovía A-8 verbindet nahezu die gesamte Küste von Bilbao bis fast nach La Coruña. Sie verläuft häufig in Sichtweite des Meeres und bietet die beste Möglichkeit, sich quer zum Totalitätsstreifen fortzubewegen. Unter normalen Verkehrsbedingungen dauert eine

Autofahrt von La Coruña bis Bilbao etwa sechs bis acht Stunden. Flughäfen mit nationalen und internationalen Verbindungen findet man in Bilbao, Santander, Asturias (bei Avilés, bekannt unter dem Namen Oviedo) und La Coruña.

Entlang der Küstenlinie steht die Sonne, wenn sie sich gegen 20:26 Uhr vollständig verfinstert, 10 bis 12° über dem Westnordwesthorizont bei einem Azimutwinkel von 280°. Die partielle Phase endet mit dem vierten Kontakt gegen 21:21 Uhr MESZ; Sonnenuntergang ist rund zehn Minuten später. Im östlichen Teil des Finsternispfads, u. a. in Santander und Bilbao, geht die Sonne vor dem 4. Kontakt unter.

Gute Ausblicke auf die Finsternis mit freier, unverstellter Blickrichtung nach Nordwest findet man vor allem direkt an der Küste, auf in den Ozean hinausragenden Landvorsprüngen mit steilen Abhängen zum Meer. Viele von ihnen sind mit Leuchttürmen geschmückt – Motive für stimmungsvolle Sonnenfinsternisfotos mit Landschaft.

Die Zentrallinie trifft 43 Kilometer westlich der Stadt Avilés (1) bei der Ortschaft Busto in Asturien auf Land. Der Ort liegt nur einen Kilometer neben der A-8 und bietet die längste Totalität in ganz Spanien, 1 Minute und 49,8 Sekunden, bei einer Sonnenhöhe von 10,7° zur Finsternismitte. Der Leuchtturm Faro de Cabo Busto bietet ein schönes Fotomotiv. Ähnliche Plätze in der nähe der Zentrallinie findet man am Cabo Vidio (1 Minute 48,9

Sekunden) westlich oder am Cabo Peñas, nordöstlich von Avilés (1 Minute 44,7 Sekunden).

Bilbao im Baskenland liegt nahe der nordöstlichen Grenzlinie und bekommt 28 Sekunden Totalität zu sehen. In der Region Galicien, nordöstlich von La Coruña, sind es rund 1 Minute 29 Sekunden. Entlang der von Südwest nach Nordost verlaufenden galicischen Küstenlinie findet man zahlreiche Ausblicke auf die verfinsterte Sonne über dem Meer. Einer der besten liegt gleich nördlich des Stadtzentrums von La Coruña (1:17 Minuten Totalität): Der Herkulesturm (Torre de Hércules), ein 55 Meter hoher, noch heute aktiver, ursprünglich römischer Leuchtturm aus dem 2. Jahrhundert (2).

Das Hinterland wird von der über 400 Kilometer langen Cordillera Cantábrica, der kantabrischen Kordillere, dominiert. Ihre höchsten Erhebungen (maximal 2650 Meter) erreicht sie im Nationalpark Picos de Europa südöstlich von Oviedo, der sich durch Asturien, Kantabrien und Kastilien-León zieht. Westlich, in Galicien, sowie östlich, zwischen Bilbao und Burgos, ist die Gebirgskette niedriger.

Die kantabrische Kordillere ist eine der wichtigsten Wetterscheiden Spaniens. Feuchte Meeresluft staut sich an ihren Nordflanken und regnet dort ab. Die Nordküste wird folglich auch España verde genannt, das „grüne Spanien“: Ihr Klima ist ganzjährig regenreich, bei moderaten Temperaturen.

Die Chance auf klaren Himmel im August ist dementsprechend die geringste des gesamten Totalitätspfads: Sie liegt meist unter 50%. Am geringsten (20 bis 40%) ist die Chance auf

Westlich der Stadt Avilés trifft die Zentrallinie die Küste. Gute Beobachtungsplätze findet man an Landvorsprüngen, etwa am Cabo Vidio am linken Bildrand (1).

Der Torre de Hércules in La Coruña hat seinen Ursprung im 2. Jahrhundert (2).

In der nördlichen Meseta Central, nahe des Dorfs Villamayor de los Montes.

Sonnenschein im östlichen Galicien sowie direkt nördlich der Picos de Europa.

Besser sieht es direkt an der Küste und im westlichen Galicien in der Bucht von La Coruña aus – hier ist die Wette auf freie Sicht mit 50:50 ausgeglichen. Wer den Norden wegen seiner längeren Totalitätsdauer und höchsten Sonnenstände wählt, meidet das Hinterland besser und wählt seinen Beobachtungsplatz an der Küste!

Meseta Central bis nördliches Ebrotal: Kastilien und León, La Rioja, Navarra

Sobald der Mondschatten die Wetterscheide der Kantabrischen Kordillere überquert hat, bessern sich die Wetterchancen schlagartig: In der Meseta Central Norte, der nördlichen zentralen Hochebene Spaniens in Kastilien und León, findet man die höchsten Sonnenscheinwahrscheinlichkeiten entlang des Totalitätsstreifens von 70 bis 90% und eine wesentlich trockenere Landschaft als nördlich der Kordillere: Ein Paradebeispiel für den Regenschatten an der Leeseite eines Gebirges. Die nördliche Meseta reicht von der Kantabrischen Kordillere nach Süden bis zur Sierra Ayllón und Sierra de Guadarrama nördlich von Madrid, nach Osten bis zum Gebirgszug des Sistema Iberico und nach La Rioja, sowie nach Westen bis Portugal. Die rund 650 Meter hoch gelegene Ebene zeichnet sich durch

Zur Ausstellung von San Pedro Cultural gehört auch ein Solarpanel der Raumsonde Solar Orbiter (3).

ein weites, teils ebenes, teils sanft hügeliges Terrain und ein kontinental geprägtes, mediterranes Trockenklima mit heißen Sommern aus – ideal für die Sonnenfinsternis!

León, an den südlichen Ausläufern der Kordillere und 40 Kilometer südwestlich der Zentrallinie gelegen, wird um 20:28 Uhr MESZ für 1:45 Minuten vom Kernschatten erreicht, das am Nordrand der Meseta und 27 Kilometer nordöstlich der Zentrallinie gelegene Burgos vier Sekunden später. Weitere bedeutende Städte der Meseta sind Valladolid (Beginn der Totalität 20:29 MESZ, Dauer 1:28 Minuten), Palencia sowie Zamora am Ufer des Rio Duero: Zamora liegt am südlichen Rand der Totalitätszone und bekommt 24 Sekunden Kernschatten ab.

Außerhalb der Städte ist die nördliche Meseta spärlich bevölkert und besteht hauptsächlich aus endlos wirkenden Landwirtschaftsflächen, die von Landstraßen und wenigen Autobahnen durchzogen werden. Von Madrid aus erreicht man sie am besten über die Fernstraßen A-1 (Richtung Burgos) oder A-6 und A-601 (Richtung Valladolid). Von Norden führt die A-66 von Oviedo nach León und Zamora bzw. von La Coruña und Lugo die A-6. Entlang der Fernstraßen sowie kleinerer Landstraßen findet man in der Meseta leicht Plätze mit freier Sicht nach Westen und Nordwesten auf die hier zur Finsternismitte noch etwa 8° hoch stehende Sonne. Im Norden der Meseta könnten Wolken direkt über der Kordillere ein zusätzliches Hindernis sein.

Die Zentrallinie durchzieht die Meseta an ihrem nordöstlichen Rand. Östlich von Bur-

Nachtbeobachtungen im Centro Astronómico Tiedra (4).

gos, in der nordöstlichen Hälfte der Totalitätszone, wird das Terrain hügeliger. In Richtung Logroño, der Hauptstadt der Region La Rioja, geht es in das obere Flusstal des Ebro über. Das Tal wird hier nach Norden von den Ausläufern der kantabrischen Kordillere und nach Süden vom Sistema Ibérico begrenzt.
Das Sistema Ibérico, oder das Iberische Gebirge, zieht sich von Burgos in Richtung Südost bzw. Süd bis zum Mittelmeer; es ist rund 500 Kilometer lang und bildet eine weitere Hauptwasserscheide der Iberischen Halbinsel. Ihre höchsten Erhebungen erreicht es in der südlich von Logroño gelegenen Sierra de Moncayo mit mehreren Gipfeln über 2000 Meter. Der höchste von ihnen ist der Moncayo mit 2324 Metern. Die Zentrallinie quert das Sistema Ibérico bis zur Mittelmeerküste.
Südöstlich von Logroño beginnt die breite und ausladende Tiefebene des unteren Ebrotals, das sich ebenfalls bis zur Mittelmeerküste zieht und im Westen vom Sistema Ibérico, im Osten von den Pyrenäen begrenzt wird. Das Ebrotal dominiert die Nordhälfte der Totalitätszone südlich der östlichen Ausläufer der kantabrischen Kordillere.
Noch in Kantabrien erreicht der Kernschatten um 20:27 MESZ das auf einer etwa rund 1000 Meter hohen Ebene namens Páramo de La Lora am Südrand des Ebrotals gelegene Observatorio Astronómico de Cantabria (6). Das Gelände um das Observatorium liegt am Rande des Naturparks Parque Natural de las Hoces del Alto Ebro y Rudrón und bietet einen perfektem Blick nach Nordwesten. Die Totalität dauert hier 1:38 Minuten. Etwa 13 Kilometer Luftlinie nach Westen findet man mit dem spektakulären Aussichtspunkt Mirador de Valcabado einen weiteren hervorragenden Beobachtungsplatz. Wer die Region Burgos als Finsternisreiseziel wählt, sollte nicht verpassen, die spektakuläre Ebro-Schlucht, die Hauptattraktion des Naturparks, zu besuchen. Die bis zu 250 Meter tiefe Schlucht, vom Fluss in Millionen von Jahren in den Kalkstein gegraben, lässt sich teilweise mit dem Auto, teilweise nur zu Fuß erkunden und gehört zu den schönsten Naturmonumenten Spaniens.
In der Meseta bietet sich das Dörfchen Becerril de Campos für einen Finsternisbesuch an.

Vom Hügel Castillo de Ariza im Zentrum des Orts Ariza hat man einen hervorragenden Blick nach Nordwesten (5).

Das Observatorio Astronómico de Cantabria bietet einen Logenplatz für die Finsternis (6).

Es liegt etwa 60 Kilometer nordöstlich von Valladolid und 15 Kilometer nördlich von Palencia. Der 2016 zum „schönsten Dorf Spaniens“ gekürte Ort beherbergt wohl die weltweit einzige Kirche, die zu einem astronomischen Monument konvertiert wurde: San Pedro Cultural.

Die Ausstellung enthält unter anderem ein Foucault-Pendel, einen stellaren Springbrunnen, einen 2004 in der Region niedergegangenen Meteoriten sowie einen Schwarzloch-Simulator, der das Geld der Besucher frisst. Die Totalität in Becerril de Campos beginnt um 20:29 MESZ und dauert 1:43 Minuten, bei einer Sonnenhöhe von 8,7°.

Etwa 45 Kilometer westlich von Valladolid, nahe der Autovía A-6 und einen Kilometer nördlich des Dörfchens Tiedra erreicht der Kernschatten für 1:14 Minuten das Centro Astronómico Tiedra, gelegen im gleichnamigen Starlight-Park (4). Das Zentrum bietet astronomische Führungen und liegt auf einer Anhöhe mit Fernsicht in den Westen auf die verfinsterte Sonne, die hier zur Mitte der Finsternis 8,9° hoch steht.

Während die Ebene der Meseta Central, wie oben beschrieben, Chancen auf klaren Himmel von bis zu 90% bietet, sinkt diese bei Burgos und Logroño auf 50 bis 60%: Einerseits bietet die östliche Kantabrische Kordillere mit ihren hier nurmehr bis zu 1000 Meter hohen Gipfeln weniger Schutz vor einbrechenden Wolken vom Norden, andererseits bilden sich über der mit Kiefern bewaldeten Gebirgskette des Sistema Ibérico während der heißen, langen Sommertage oft Quellwolken.

Südlich der Sierra de Moncayo, bei Almazán und Ariza, ist die Gegend eher hügelig statt bergig und sehr trocken. Hier steigt die Chance auf Sonnenschein stellenweise auf über 80%. Der Ort Ariza (5) wird um 20:29 MESZ vom Kernschatten erreicht, die Totalität dauert hier 1:43 Minuten, bei einer Sonnenhöhe von 6,5° zur Finsternismitte. Der kleine Ort ist sowohl von Madrid als auch von Saragossa über die Fernstraße A-2 zu erreichen und eine der interessantesten Destinationen: Er liegt nahezu exakt auf der Zentrallinie und bietet

Die drei Wahrzeichen Saragossas: Die Kathedrale Nuestra Señora del Pilar, der Ebro und die „Steinbrücke“ Puente de Piedra (7).

gute Erreichbarkeit und Wetterchancen. In seinem Zentrum erhebt sich zudem ein etwa 30 Meter hoher Hügel mit Aussichtspunkten, von dem man einen hervorragenden Ausblick ins hügelige Umland hat.

Auch nördlich von Ariza, zwischen den pittoresken Orten Monteagudo de las Vicarías und Almazán, findet man auf Anhöhen zahlreiche gute Ausblicke nahe der Zentrallinie. Westlich von Almazán, entlang des Duerotals, öffnet sich die Landschaft immer weiter und geht schließlich in die Meseta-Ebene über.

Bei Sonnenhöhen zwischen 6 und 7° zur Finsternismitte ist die Suche nach einem geeigneten Beobachtungsplatz im Sistema Ibérico herausfordernder als in der flachen und vegetationsarmen Ebene. Die nördliche Meseta Central dürfte daher, und wegen der Wolkensicherheit, die bessere Wahl sein.

Das Ebrotal: Aragón und Katalonien

Nordöstlich des Sistema Ibérico passiert der Kernschatten auf seinem Weg zum Mittelmeer über eine Länge von 700 Kilometern das ca. 130 Kilometer breite Tal des Ebro (Valle del Ebro), des zweitlängsten Flusses der Iberischen Halbinsel. Die nördliche Totalitätsgrenze erreicht die Stadt Huesca in Aragón und zwischen den katalonischen Küstenstädten Barcelona und Tarragona das Meer. Die Zentrallinie passiert das Ebrotal südlich, sie verläuft durch die Höhenzüge des Sistema Ibérico.

Das Ebrotal ist vor allem im unteren Teil durch eine flache bis hügelige Landschaft charakterisiert, die sich auf den Flusslauf konzentriert und nicht so ausgedehnt ist wie die der nördlichen Meseta Central. Es liegt mit durchschnittlich 200 Meter rund 400 Meter tiefer als die Hochebene nördlich von Madrid. Typisch für das spanische Binnenland, ist auch das Ebrotal außerhalb der Städte nur dünn besiedelt und vor allem durch Landwirtschaft geprägt. Damit bieten sich gute Ausblicke auf die tiefstehende Sonne.

In Saragossa (7), der größten Stadt im Tal, beginnt die Totalität um 20:29 MESZ bei einer Sonnenhöhe von nur noch 6° – beste Sicht nach West bzw. Westnordwest ist nun ent-

Fernstraßen in Spanien

In Spanien gibt es zwei Typen von Autobahnen: die mautpflichtigen, meist privat betriebenen Autopistas (AP) und die mautfreien staatlichen Autovias (A). Die Höhe der Autobahnmaut richtet sich nach der gefahrenen Strecke. Sie ist an Mautstationen in bar oder mit Kreditkarte zu zahlen. Eine Vignette ist nicht erforderlich. In den letzten Jahren hat die spanische Regierung immer wieder Konzessionen privater Betreiber auslaufen lassen, um das Fernverkehrsnetz wieder unter öffentliche Kontrolle zu nehmen. Die Mautpflicht auf diesen Strecken, z. B. der oben erwähnten AP-2 und AP-7 oder auch der AP-4 von Sevilla nach Cádiz, ist damit entfallen. Aktuelle Informationen zur Mautsituation in Spanien findet man auf den Seiten des spanischen Transportministeriums und beim ADAC (Links im Anhang).

Blick vom Pass Puerto de Somosierra (1440m) auf die nördliche Meseta Central (8).

scheidend! Insgesamt 1 Minute und 23 Sekunden wird die Hauptstadt von Aragón in den Kernschatten getaucht.

Eingekreist zwischen Sistema Ibérico im Westen und Pyrenäen im Osten sind die Sommertage im Tal heiß und trocken – mit Sonnenscheinwahrscheinlichkeiten im August von 70 bis 90%. Neben der Meseta Central Norte bietet das Ebrotal damit die besten Wetteraussichten der gesamten Totalitätszone.

Hinzu kommt eine gute Erreichbarkeit: Für manche Finsternistouristen aus Zentraleuropa kann es eine Option sein, von Frankreich aus über die Pyrenäen mit dem Auto anzureisen. Eine Alternative bietet der internationale Flughafen von Barcelona, von dem man über die Autobahnen AP-7 und AP-2 via Lleida schnell den Knotenpunkt Saragossa erreicht. Von Saragossa führt die Fernstraße als AP-68 weiter nach Logroño und damit weitgehend parallel zur Zentrallinie. Die zweispurige N-232 verläuft südostwärts nach Vinaroz an der Mittelmeerküste und nähert sich der Zentrallinie an. Die A-23 verbindet Saragossa mit Huesca an der nördlichen Totalitätsgrenze, eine Strecke von knapp 70 Kilometern. Richtung Südwesten erreicht man über die A-2 nach etwa 120 Kilometern die Zentrallinie bei Ariza. Das erlaubt eine schnelle Standortverlagerung, sollte sich die Wetterstatistik wider Erwarten als unzutreffend herausstellen.

Das Planetarium und Observatorium von Aragón wird für knapp 14 Sekunden in den Kernschatten getaucht. Man findet es 5 Kilo-

Die Antenne Aries-1 des Centro Astronómico de Yebes (9).

Das Observatorio Astrofísico de Javalambre, Blickrichtung nach Osten (10).

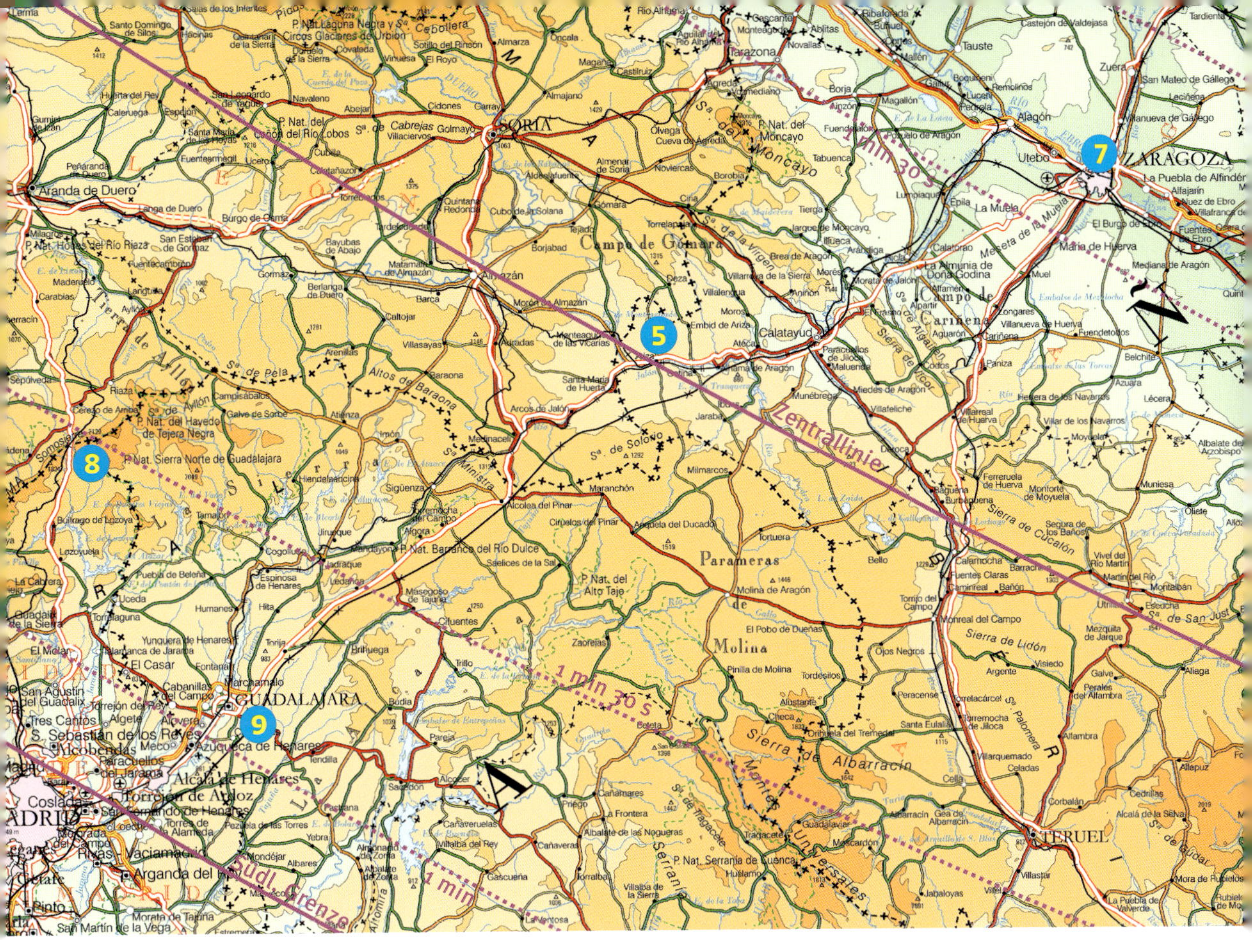

meter vor den Toren Huescas, gleich neben der Autobahn A-23 (E-7) Richtung Saragossa.

Das Zentrum: Madrid, Kastilien-La Mancha bis Region Valencia

Die Hauptstadt Madrid wird knapp vom Kernschatten verpasst: Das Stadtzentrum erlebt eine extrem tiefe partielle Finsternis mit Bedeckungsgrad 99,9%. Die südliche Grenzlinie streift den nordöstlichen Vorort Barajas, wo sich auch der internationale Flughafen befindet – ein sicherlich einzigartiger Arbeitstag für Piloten und Bodenpersonal!

Nördlich von Madrid ziehen sich die bis zu 2300 Meter hohen Bergketten der Sierra de Guadarrama und der Sierra Ayllón (8). Sie begrenzen die Meseta Central Norte an deren Südrand und ragen wie ein Finger von Süden in die Totalitätszone hinein. Von der Hauptstadt sind sie über die Autobahn A-1 bei normalem Verkehr in weniger als einer Stunde erreichbar – die Gebirgszüge dienen den Hauptstädtern als Naherholungsgebiet und dürften auch am Tag der Finsternis viele Tagestouristen anlocken.

Von einigen ihrer unbewachsenen Gipfel, z. B. dem Pico del Lobo (2269 m) oder dem Peña Cebollera (2128 m) hat man einen hervorragenden Blick auf die Meseta und damit auch auf die verfinsterte Sonne, die hier zur Totalität noch 7,4° hoch steht. Die genannten Gipfel erreicht man aber nur zu Fuß über anstrengende Wanderungen. An der Nordflanke sind die Sierras mit Kiefern bewaldet, was die

Bei Peñíscola trifft die Zentrallinie der Totalität auf das Mittelmeer (oben, 11).
Das Castillo de Sagunto (unten) bietet einen privilegierten Blick auf das hügelige Hinterland (12).

Suche nach einem guten Beobachtungsplatz schwierig macht.

Die Kiefernwälder mit ihrem höheren Absorptionsgrad (man erkennt sie leicht anhand ihrer dunklen Färbung auf Satellitenbildern) erwärmen sich in der Augustsonne stärker als die trockene Ebene der Meseta, was oft zu Quellwolken führt: Deshalb zeichnet sich der Verlauf der Bergketten deutlich in der Karte der Wolkenwahrscheinlichkeit ab. Die Chance auf klaren Himmel sinkt gegenüber der Meseta im Norden und Madrid im Süden auf 60 bis 70%. Gleiches gilt auch für die Höhenzüge des weiter östlich entlang der Zentrallinie verlaufenden Sistema Ibérico.

Südlich der Sierras, in der flacheren Umgebung der Stadt Guadalajara in Kastilien-La Mancha, steigt die Sonnenchance wieder auf über 80%. Guadalajara ist von Madrid aus über die A-2 Richtung Saragossa zu erreichen, die Stadt liegt etwa 35 Kilometer vor den Toren der Hauptstadt. Die Totalität beginnt hier um 20:31 MESZ und dauert 1:06 Minuten. Die Sonne steht dabei noch knapp 7° hoch.

Für Finsternisbeobachter mit Startpunkt Madrid ist die Achse Madrid-Guadalajara womöglich die bessere Wahl, da die A-2 in der Fortsetzung zur Zentrallinie bei Ariza und weiter bis in das sonnenverwöhnte Ebrotal führt. Hinter Saragossa erreicht man dann über die A-23 Huesca und damit die nördliche Grenzlinie. Die mehr oder weniger direkte Verbindung quer zum Totalitätspfad erlaubt einen relativ schnellen Wechsel des Beobachtungsorts von einer Seite des Sistema Ibérico auf die andere, sollte die Wolkensituation es erfordern.

Diese sollte, statistisch gesehen, aber kein Problem sein: Je weiter man sich der Zentrallinie und damit den Höhen des Sistema Ibérico (maximal rund 1000 bis 1200 m an dieser Stelle) nähert, sinkt die Sonnenwahrscheinlichkeit zwar etwas, bleibt aber auf dem gesamten Weg bis ins Ebrotal über 70%.

Eine halbe Stunde Autofahrt südlich von Guadalajara, auf einer knapp 1000 Meter hohen Ebene, trifft der Kernschatten für 59 Sekunden das vom Instituto Geográfico Nacional betriebene Centro Astronómico de Yebes (9), dessen größtes Instrument ein 13,7-Meter-Radioteleskop ist. Das Teleskop wird u. a. für Very Long Baseline Messungen eingesetzt. Führungen sind normalerweise am Wochenende möglich.

Auf dem Weg Richtung Mittelmeerküste überquert der Mondschatten die zum Sistema Ibérico gehörenden Montes Universales mit ihren zwischen 1500 und knapp 2000 Meter hohen Gipfeln. Der Gebirgszug mit Guadalajara im Westen, Cuenca im Südwesten und dem zu Aragón gehörende Teruel im Osten sind bewaldet und wie die Sierras nördlich von Madrid anfälliger für Quellwolken, was sich an der mit im Vergleich zum Flachland geringeren Sonnenwahrscheinlichkeit von 60 bis 70% ablesen lässt.

Teruel erlebt eine Totalität von 1:34 Minuten bei einer Sonnenhöhe von 5,5°. In der Umgebung von Teruel, vor allem nordwestlich, der A-23 folgend, findet man flaches Gelände mit Sicht auf den Nordwesthorizont, während südlich, im Tal des Rio Turia, die Ausläufer der Berge den Blick zunehmend verstellen.

Knapp 40 Kilometer südlich von Teruel, kurz vor der Grenze von Aragón und der Valencianischen Gemeinschaft, trifft der Kernschatten um 20:31 MESZ das Observatorio Astrofísico de Javalambre und das Astronomische Zentrum Galactica. Beide liegen in der Sierra de Javalambre (10) nördlich der kleinen Ortschaft Arcos de las Salinas.

Das professionelle Observatorium mit seinem 2,55-Meter-Teleskop auf dem 1957 Meter hohen Berg Pico del Buitre bietet perfekten Blick auf die 5° hohe verfinsterte Sonne. Das für die Öffentlichkeit eingerichtete Zentrum Galactica liegt 1100 Meter hoch und könnte ebenfalls ein interessanter Ort zur Finsternisbeobachtung sein. Die Totalität dauert hier 1 Minute und 22 Sekunden.

Die Mittelmeerküste: Tarragona bis Valencia

Gegen 20:30 MESZ erreicht der Kernschatten die Mittelmeerküste. Die Zentrallinie stößt bei dem zur Region Valencia gehörigen Peñíscola (11) auf das Meer, die Totalität dauert hier 1:39 Minuten bei einem Sonnenstand zur Finsternismitte von nur noch 4,3°.

Peñíscola gehört mit seiner über dem Meer thronenden Altstadt samt mittelalterlicher Festung zu Spaniens schönsten Ortschaften. Es liegt nur 25 Kilometer südlich des in das Meer ragenden und bereits zu Katalonien zählenden Ebrodelta, dessen Naturpark ein Paradies für Vogelbeobachter ist.

Im Norden reicht die Totalitätszone bis zur Stadt Villanueva y Geltrú, die zur Provinz Barcelona gehört. Die katalanische Hauptstadt selbst liegt etwa 35 Kilometer nördlich der Grenzlinie, im Stadtzentrum erreicht die partielle Finsternis um 20:39 MESZ eine maximale Größe von 99,6%, 22 Minuten vor Sonnenuntergang und gerade noch 3,7° über dem Horizont. Die größte Stadt Kataloniens im Kernschatten ist Tarragona, hier dauert die totale Finsternis recht genau eine Minute.

Im Süden reicht die Totalitätszone bis zu den Ortschaften Sueca und Faro de Cullera, knapp 30 Kilometer südlich von Valencia. In Valencia selbst dauert die Totalität etwa eine Minute, bei einer Sonnenhöhe von 4,4°.

Die Mittelmeerküste ist Spaniens beliebteste Touristenregion, sowohl für Besucher aus Spanien als auch aus dem Ausland. Entsprechend findet man ein reichhaltiges Angebot an Übernachtungsmöglichkeiten, Restaurants und allem anderen, was der Reisende braucht. Die Autobahn AP-7 verbindet Barcelona mit Valencia entlang der Küstenlinie. Beide Städte verfügen über internationale Flughäfen mit Verbindungen nach ganz Europa.

Problematisch ist allerdings der extrem niedrige Sonnenstand von weniger als 5° zur Totalitätsmitte und die Tatsache, dass die Sonne von der gesamten Küste aus gesehen über Land untergeht: Das macht die Wahl eines guten Beobachtungsorts zu einer Herausforderung.

Erschwerend kommt hinzu, dass das Hinterland über weite Strecken hügelig bis gebirgig ist. Südlich der Zentrallinie fallen die Ausläufer des Sistema Ibérico zur Küste hin ab. Nördlich davon verlaufen die beiden katalanischen Küstenkordilleren parallel zum Meer: Eine mit einigen hundert Meter hohen Erhebungen in Küstennähe sowie eine höhere im Innenland.

Die Küstenkordilleren und das Sistema Central versperren die Sicht zwar nicht überall; vor allem um Valencia und Tarragona findet man flaches Gelände mit guter Sicht nach West und Westnordwest. In Kombination mit dem warmen Mittelmeer – die Wassertemperaturen erreichen vor Valencia im August leicht 27° – kann die am Höhenprofil der Küsten aufsteigende warme und feuchte Luft jedoch zu Quellwolken im Tagesverlauf führen. Solche Wolken behindern die Sicht auf die extrem tiefe Sonne zusätzlich.

Die Wolkenwahrscheinlichkeit ist dementsprechend an der gesamten Mittelmeerküste höher als im Binnenland, etwa im Ebrotal, aber auch in Kastilien-La Mancha und im südlichen Aragón. Die Karte zeigt Sonnenchancen im August von durchgehend 50 bis 60% – das ist nicht schlecht, aber der zweitniedrigste Wert nach der kantabrischen Kordillere im Norden.

Geringe Sonnenhöhe, hügeliges Terrain in Richtung untergehende Sonne und einhergehende höhere Wolkenwahrscheinlichkeit machen die Mittelmeerküste weit weniger attraktiv als das Binnenland!

Dennoch wird der findige Beobachter herausragende Beobachtungsplätze finden. Einer, sozusagen der Gegenpart zum Herkulesturm in La Coruña, ist die ebenfalls auf die römische Besiedlung zurückgehende Festung Castillo de Sagunto (12). Sie thront rund 100 Meter

Das Ebrodelta liegt nördlich der Zentrallinie und bietet dank seiner flachen Landschaft einen passablen Blick auf das Hinterland und die verdunkelte Sonne. Es ist auch ein Paradies für Vögel - darunter Flamingos (13).

Formentera aus dem Flugzeug mit Kumuluswolken über der Inselmitte (oben).
Leuchtturm am Punta Natí, Menorca (unten).

über der Stadt Sagunt, 25 Kilometer nördlich von Valencia. Die Anhöhe bietet einen Weitblick auf die Gipfel des Hinterlands und die 4,4° hoch stehende, verfinsterte Sonne – sofern keine Wolken stören. Die Totalität dauert in Sagunt 1 Minute und 18 Sekunden.

Die Balearen: Mallorca, Menorca, Ibiza, Formentera

Das Finale der Sonnenfinsternis findet auf den Inseln des Balearischen Archipels statt. Alle vier Eilande werden gegen 20:31 MESZ vom Kernschatten erfasst: Die Zentrallinie trifft die Westspitze Mallorcas, quert die Bucht von Palma und trifft mit dem Dorf Santanyí im Südosten die letzte größere Ortschaft ihres langen Pfads. Auf Mallorca dauert die Totalität entlang der Zentrallinie1:35 Minuten, weiter im Nordosten der Insel 1:27 Minuten.

Auf der nordöstlich gelegenen Insel Menorca ist die Totalität noch 1:10 Minuten lang. Auf den südwestlichen Inseln Ibiza und Formentera verweilt der Mondschatten zwischen 1:19 Minuten (bei Portinatx, im Nordosten Ibizas) und 25 Sekunden an der Südspitze Formenteras, etwa drei Kilometer von der südlichen Grenzlinie der Totalität.

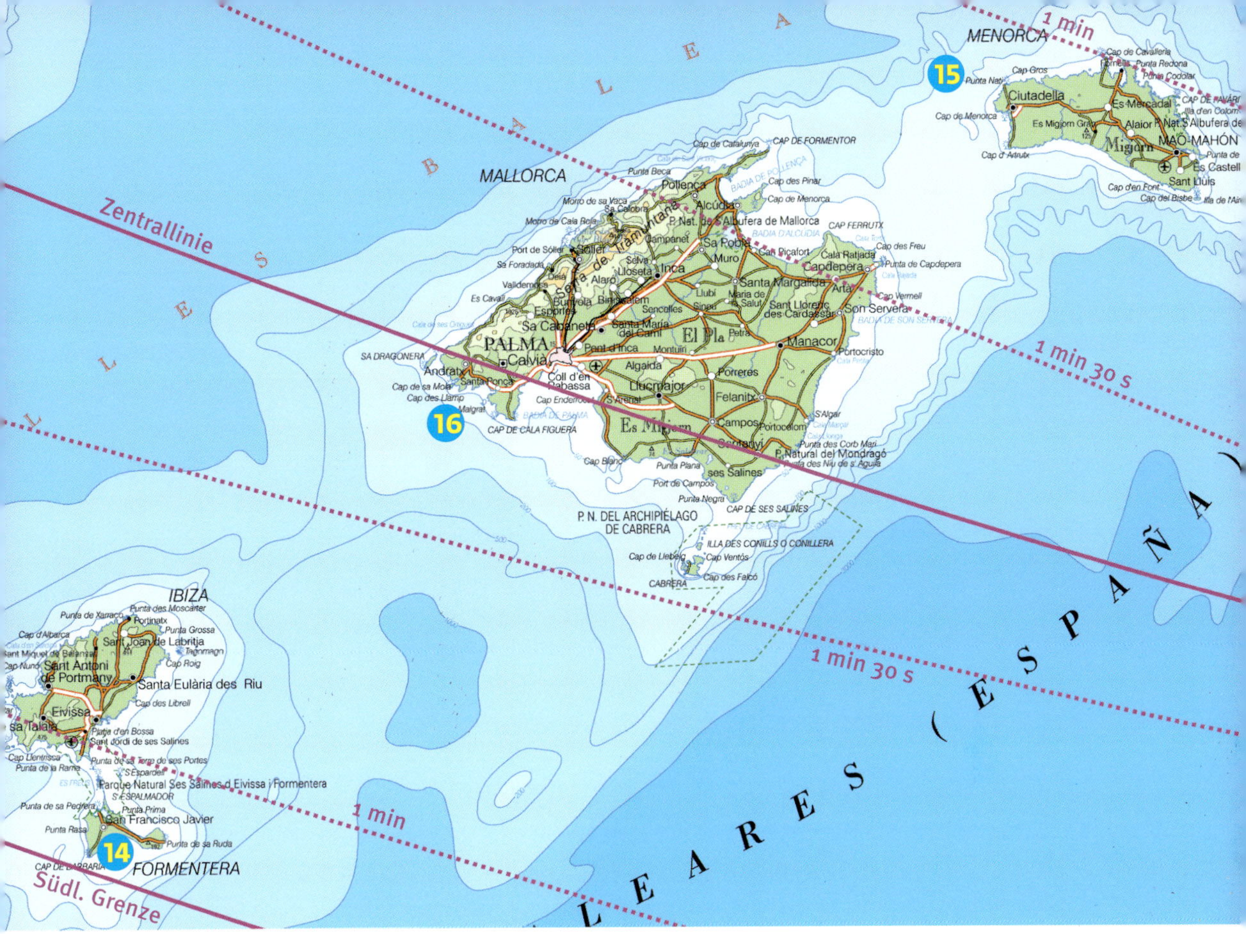

Sant Elm (Mallorca), im Hintergrund die Dracheninsel (16).

Eine typische, „gute“ Sommerwetterlage auf der Iberischen Halbinsel am 12. August 2009: Gebirgszüge sind anhand der dunklen Farbe ihrer Waldvegetation gut erkennbar. Quellwolken konzentrieren sich auf die Kantabrische Kordillere im Norden, das Sistema Ibérico sowie die Sierras de Guadarrama und Ayllón nördlich von Madrid.

Um die verfinsterte Sonne zu sehen, sollte man sich einen Beobachtungsplatz nahe der Küste mit uneingeschränktem Blick auf das Meer nach Westnordwest suchen: Die Sonne steht bei Mitte der Totalität gerade noch 2,9° bis 1,9° über dem Horizont. Der Sonnenuntergang findet etwa zehn Minuten nach Ende der Totalität statt: Wer die Balearen als Reiseziel wählt, erlebt den Untergang der teilverfinsterten, von atmosphärischer Refraktion verzerrt und verfärbten, extrem schmalen Sonnensichel im Mittelmeer – ein spektakulärer Anblick!

Die Wolkenwahrscheinlichkeit ist an den Küsten geringer als im Innenland der Inseln, wo sich Kumuluswolken bilden können. Das ist insbesondere im hügelreichen Norden von Mallorca der Fall – der höchste Berg der Insel, der Puig Major, erreicht immerhin 1445 Meter. An den alles entscheidenden Westküsten liegt die Chance auf Sonnenschein im statistischen Mittel bei etwa 70%.

Betrachtet man Satellitenbilder, dann kann man zu dem Schluss kommen, dass das Unterfangen „Sonnenfinsternis bei Sonnenuntergang“ auf den Balearen am 12. August in den letzten 20 Jahren neun Mal von Erfolg gekrönt worden wäre und in weiteren fünf Jahren zumindest gute Chancen bestanden haben. Allerdings reichen schon hohe, ferne Wolken am Westhorizont, um die Sicht auf die Totalität zu versperren. Der Versuch, die Sonnenfinsternis von den Inseln zu sehen, ist ein Risikospiel!

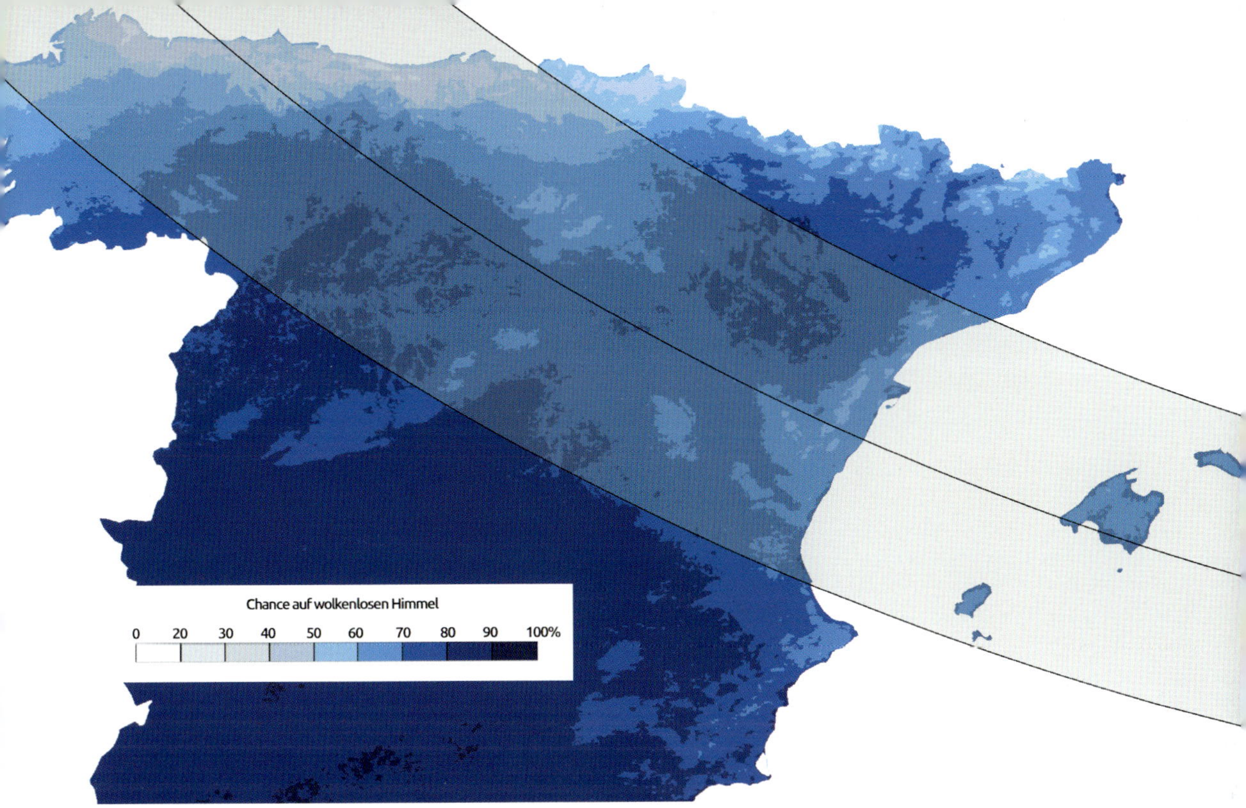

Die Chance auf wolkenlosen Himmel ist im August besonders in der nördlichen Meseta und im Ebrotal sehr hoch. In den Gebirgen und an den Küsten, v.a. im Norden, ist die Gefahr, von Wolken überrascht zu werden, größer.

Gute Plätze mit freier Sicht sind an Mallorcas Steilküsten nicht einfach zu finden: von der Hauptstadt Palma blockieren die bis über 400 Meter hohen Hügel auf der westlichen Landzunge der Insel den Blick, in der Bucht von Sant Elm (16) zumindest teilweise die vorgelagerte Dracheninsel (Santa Dragonera). Entweder man versucht, an der wilden Nordküste einen Platz zu finden, oder man begibt sich weiter nach Süden, wo zum Beispiel der Küstenort Colonia de Sant Jordi gute Ausblicke verspricht.
Einfacher hat man es auf Menorca. Die flache Landschaft im Nordwesten nahe des Leuchtturms Punta Nati (15) bietet perfekte Ausblicke. An der Westküste Formenteras (14) oder auf Ibiza, wo die verfinsterte Sonne über der Bucht von Sant Antoni de Portmany untergeht, hat man ebenfalls gute Ausblicke. In Sant Antoni bietet sich zum Beispiel die Mole des Yachthafens als eine mögliche Beobachtungsplattform an.
Der Mondkernschatten verlässt die Erdoberfläche rund 150 Kilometer südöstlich von Mallorca über dem Mittelmeer.

Das Augustwetter in Spanien

Spaniens Sommer sind sonnenreich: Die Chance auf klaren Himmel entlang des Finsternispfads liegt Mitte August im Bereich

Ausgedehnte Wolkensysteme am 12. August 2020 im Nordwesten der Halbinsel. An diesem Tag brachte ein Tiefdruckgebiet bei Irland kalte und feuchte Luft über den Nordwesten nach Spanien und sorgte für starke Bewölkung und Gewitter.

von etwa 70% – mit teils erheblichen regionalen Unterschieden. Grund für dieses oft stabile Sommerwetter ist das Azorenhoch, ein Hochdruckgebiet über dem Atlantik, das Tiefdruckstörungen aus dem Westen von der Iberischen Halbinsel abhält.

Quellwolken und Konvektion

Wolkenbildung ist unter diesen Bedingungen nur konvektiv und lokal möglich: Über dem Erdboden erwärmte Luftmassen steigen im Verlauf des Tages auf und kondensieren bei Erreichen des Taupunkts zu Quellwolken.
Gebirgszüge zwingen durch ihr Höhenprofil Luftmassen zum Aufsteigen und fördern die Wolkenbildung. Hinzu kommt dichtere Vegetation und damit einhergehende zusätzliche Erwärmung wegen der höheren Albedo. Die Wolkenwahrscheinlichkeit bildet daher die Topografie aus Tiefebenen, Gebirgszügen, Hochebenen und Küsten nahezu perfekt ab: Je höher das Terrain, desto höher die Chance auf Wolken.

Je nach Instabilität der Atmosphäre und deren Wassergehalt können sich Quellwolken im Laufe des Nachmittags zu Gewittern auftürmen oder mit nachlassender Sonneneinstrahlung zum Abend in sich zusammenfallen – beides ist möglich und lässt sich frühestens in den Tagen vor der Finsternis abschätzen. Sommergewitter sind keine Seltenheit in Spanien, auch nicht in den Ebenen wie der Meseta Central. Es lohnt sich, die Wolkenentwicklung in den Tagen vor dem Ereignis zu beobachten. Sofern sich kein drastischer Wetterwechsel ankündigt, bietet sie einen guten Anhaltspunkt für die Wolkensituation am Finsternistag.
Lange Sonnenstunden und kurze Nächte sorgen für hohe Temperaturen im Innenland. Kommt es zudem zu einem Zustrom heißer Luft, vor allem aus der Sahara, entwickeln sich die gefürchteten Hitzewellen mit Temperaturen oberhalb der 40°C vor allem in Zentral- und Südspanien.

Wolken an den Küsten

Deutlich schlechter schneiden die Küsten ab. Vor allem im „grünen Spanien“ nördlich der Cordillera Cantábrica liegt die Chance auf gutes Wetter bei 50% oder weniger. Die Küstenregion nördlich der Cordillera Cantábrica ist folglich die am wenigsten einladende Finsternisdestination. Feuchte Meeresluft staut sich an den Gipfeln der Kordillere und bildet fast immer Häufchen- oder Schichtwolken. Das Ergebnis ist oft ein dichtes Wolkenband entlang fast der gesamten Nordküste zwischen Kordillere und Meer.

Satellitenbilder zeigen, dass in den letzten 20 Jahren der Himmel über der spanischen Nordküste am 12. August 12 bis 13 Mal zumindest vorwiegend, oft auch durchgehend bewölkt war. In weniger als der Hälfte der Jahre wäre die Finsternis problemlos sichtbar gewesen.

Auch an der Mittelmeerküste steigt die Wahrscheinlichkeit für Quellwolken wegen der feuchten Meeresluft an, vor allem im Vergleich zu den Ebenen im Binnenland. Sie ist mit 40% bis 60% sogar etwas schlechter als in den Gebirgszügen, mit Ausnahme der kantabrischen Kordillere.

Landeinwärts wehende Winde prallen auf die ansteigenden Flanken des Sistema Ibérico und der Katalanischen Küstenkordilleren, was die Bildung konvektiver Wolken begünstigt. Zwar kehrt sich die Windrichtung zum Abend oft um, für die Beobachtung der Totalität könnte dies aber zu spät sein: Da die Sonne während der Totalität gerade noch 4° über dem Westnordwesthorizont und damit sehr tief in Blickrichtung auf das hügelige Hinterland steht, ist die Mittelmeerküste nach der Nordküste die problematischste Finsternisregion.

Auf der Westseite der Balearischen Inseln sieht es trotz nochmals tiefer stehender Sonne zur Totalität besser aus: Die Wolkenwahrscheinlichkeit ist an den Küsten geringer als im Binnenland der Inseln, wo sich ebenfalls Kumuluswolken formieren können.

August: Ferienzeit in Spanien

Vorsichtige Schätzungen gehen davon aus, dass bis zu zwei Millionen Spanier am 12. August 2026 in die Totalitätszone aufbrechen werden. Dazu kommt eine unbekannte Zahl ausländischer Finsternistouristen. Da die Finsternis sowohl in die spanische Sommerferienzeit wie auch in die touristische Hochsaison fällt, dürfte besonders in den Touristenorten an der Mittelmeerküste der übliche Rat, Unterkünfte und Mietwagen mindestens ein Jahr im Voraus zu buchen, gelten.

Andererseits verteilen sich die Möglichkeiten für Finsternisbeobachter über ein sehr großes Gebiet der Iberischen Halbinsel. Vor allem in den Ebenen der Meseta Central nördlich von Madrid oder im Ebrotal verteilen sich die Zuschauer des Spektakels leicht. Dennoch sollte man auf den Hauptzufahrtsstraßen von Madrid oder Barcelona am Tag der Finsternis mit einem erhöhten Verkehrsaufkommen rechnen. Wer seinen Platz am Vorabend gefunden hat, entgeht möglichen Staus.

Grenzen der Statistik

Allerdings sind statistische Karten und Satellitendaten stets mit Vorsicht zu betrachten. Statistische Karten mitteln Wolkentypen aller Arten und Schichten. Schichtwolken und konvektive Wolken haben aber sehr unterschiedliche Auswirkungen auf die Sichtbarkeit einer Sonnenfinsternis.

Hohe Eiswolken schränken die Transparenz der Atmosphäre ein, lassen die Sonne aber oft hindurchscheinen. Eine konvektive Haufenwolke zum falschen Zeitpunkt kann die anderthalb Minuten der Totalität völlig ruinieren, ist aber unter Umständen durch einen schnellen Wechsel des Beobachtungsorts zu umgehen.

Satellitenbilder werden meist zur Mittagszeit gewonnen. Die Totalität am 26. August 2026 erreicht ihren Höhepunkt aber zum späten Nachmittag bzw. kurz vor Sonnenuntergang. Konvektive Wolken können, je nach Instabilität der Atmosphäre, zu diesem Zeitpunkt entweder angewachsen oder infolge der nachlassenden Sonneneinstrahlung (nicht zuletzt auch durch die Finsternis selbst) in sich zusammen gefallen sein.

Nordwestwetter

Auch wenn Spaniens Sommer stabiler sind als die Mittel- und Nordeuropas, sind Störungen v. a. aus Richtung des Atlantik möglich.

Nordwestwetterlagen können das gesamte Jahr über auftreten. Im Sommer bewirken sie durch das Einströmen polarer Luft eine deutliche Abkühlung der Temperaturen und steigern die Möglichkeit von Gewittern im Gebirge und im Landesinneren, die manchmal von Hagel begleitet werden.

Calima und Waldbrände

Auch südlicher Wind aus Nordafrika kann Probleme bereiten: Er bringt im Sommer heiße Saharaluft und manchmal auch Wüstenstaub mit, der den Himmel über Tage milchig weiß färbt. Dieses Calima genannte Phänomen dauert meist zwischen drei Tagen und einer Woche, und auch wenn es den Himmel nicht vollständig verdunkelt, setzt der Staub die Transparenz der Atmosphäre dennoch stark herab, so dass feine Details der Sonnenkorona unsichtbar werden können. Calima ist vor allem im Süden Spaniens möglich, kann sich aber über die gesamte Halbinsel ausbreiten.

Schließlich ist der Sommer in Spanien leider auch Waldbrand-Hauptsaison. In den vergangenen Jahren kam es immer wieder zu teils ausgedehnten Bränden. Während ein Waldbrand zum falschen Zeitpunkt alle Pläne durcheinander bringen kann, ist es vor allem der entstehende Rauch, der selbst viele Kilometer entfernt den Himmel beeinträchtigen kann.

Der Himmel während der Totalität

Die Sonnenfinsternis vom 12. August 2026 gehört zum Saros-Zyklus 126. Alle Finsternisse dieses Zyklus ereignen sich im absteigenden Mondknoten, d. h., wenn der Mond die Ekliptik von Nord nach Süd passiert. Die Sonne steht im Sternbild Löwe an der Grenze zum Krebs.

Zum Zeitpunkt der Totalität steht die Sonne an der Nordküste Spaniens maximal 12° über

Der Himmelsanblick Richtung Nordwesten während der Totalität, gesehen vom Norden der Iberischen Halbinsel.

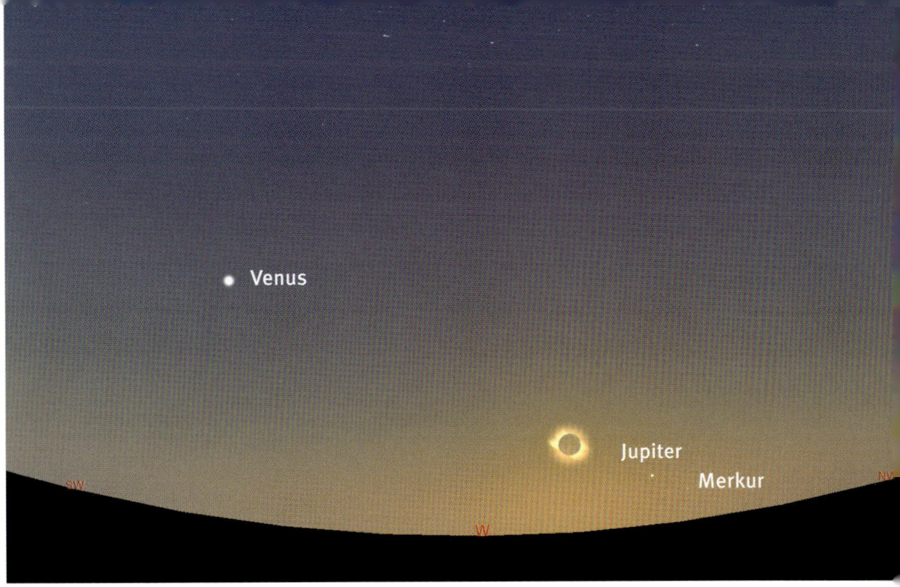

dem westlichen Horizont, an der Mittelmeerküste weniger als 5°.

Planeten

Das hellste Objekt neben der Sonne ist die -4^m4 helle Venus. Sie steht 46° südöstlich der Sonne, bei Blickrichtung Westen also links oberhalb. Nur im Norden Spaniens steht die Sonne noch hoch genug, sodass man bei klarer Horizontsicht auch Jupiter und Merkur rechts der Sonne über dem Westnordwesthorizont erblicken kann.

Der hellere Jupiter (-1^m8) steht der Sonne mit 10,5° (etwa der Breite einer ausgestreckten Hand) am nächsten. Merkur befindet sich weitere 4° westlich, und ist mit seinen -1^m0 etwas schwächer. Horizontdunst kann die Helligkeiten der Planeten weiter reduzieren. Je weiter Richtung Süden, desto tiefer stehen die beiden Planeten; an der Mittelmeerküste sind Jupiter und Merkur zur Totalität bereits untergegangen.

Sterne

Während der Totalität steht der Leitstern des Löwen, Regulus, 10° südöstlich der Sonne. Mit 1^m4 scheinbarer Helligkeit ist er aber nur bei klarem Himmel deutlich zu sehen. Bei Blickrichtung West finden wir ihn eine knappe Handbreit links oberhalb der verfinsterten Sonne. Die beiden hellsten Sterne sind Arktur und Wega: Arktur finden wir in rund 60° Höhe über dem Südwesten, Wega etwa 50° hoch im Osten. Etwas schwächer, bei klarem Himmel aber dennoch zu erkennen, sind Deneb und Atair. Die beiden Ecken des Sommerdreiecks (zusammen mit Wega) findet man zwischen 30° und 40° über dem Nordost- bzw. Osthorizont.

„Sonnenfinsternis-Aftershow“: Die Perseiden

In der Nacht nach der Sonnenfinsternis erreicht der Meteorstrom der Perseiden seinen Höhepunkt. Das Maximum des Stroms wird für 04:00 MESZ am Morgen des 13. erwartet – und das natürlich ohne jede Störung durch Mondlicht!

KAPITEL 3

Die totale Sonnenfinsternis am 2. August 2027

Am 2. August 2027 beginnt es zwei Stunden nach Sonnenaufgang im Süden Spaniens erneut zu dämmern: Der Mond schiebt sich vor die Sonne, und wenn er sie gegen 10:45 Ortszeit ganz bedeckt, beginnt eine ausgesprochen lange totale Finsternis. Dabei verpasst die Zentrallinie der Totalität den europäischen Kontinent ganz knapp!

Eine Streifschuss-Finsternis

Zur totalen Sonnenfinsternis am 2. August 2027 spielen Mond und Sonne nahezu perfekt zusammen. Der Neumond (12:06 MESZ) fällt fast exakt auf das Mondperigäum (08:24 MESZ) – der Mond steht während der Sonnenfinsternis also fast genau an seinem erdnächsten Punkt. Gleichzeitig hat die Erde nur etwa einen Monat zuvor, am 5. Juli, ihren sonnenfernsten Punkt, das Aphel, passiert.

Der Winkeldurchmesser des Mondes beträgt am 2. August 33' 48", der der Sonne nur 31' 30": der Mond erscheint also mehr als 2 Bogenminuten größer als die Sonne. Außerdem trifft der Kernschatten des Mondes die Erde wesentlich zentraler als 2026, der Gammawert beträgt 0,142. Die maximale Finsternis findet bei einer geografischen Breite von 25° Nord in Ägypten statt, im Vergleich zu 65° Nord im Jahr 2026. Beides sorgt dafür, dass die Totalität 2027 besonders lang ausfällt – maximal 6 Minuten und 23 Sekunden.

Der Wermutstropfen: Der europäische Kontinent, vertreten durch die Iberische Halbinsel, wird vom Kernschatten nur gestreift. Die Zentrallinie der Totalität verfehlt die spanische Landmasse und zieht statt dessen durch das westliche und südliche Mittelmeer sowie durch Nordafrika. Dennoch dürfen sich Finsternisenthusiasten in Südspanien über bis zu 4:38 Minuten Totalität freuen – das sind rund 3 Minuten mehr als ein knappes Jahr vorher!

Anders als 2026 ereignet sich die Finsternis am 2. August 2027 nicht bei tiefstehender Abendsonne, sondern am Vormittag bei Sonnenständen von über 35°. Und schließlich ereignet sich ihr europäischer Teil über dem im Sommer sonnenverwöhntesten Teil Spaniens mit sehr hoher Chance auf klaren, wolkenfreien Himmel!

Allgemeiner Verlauf

Der Kernschatten des Mondes trifft die Erdoberfläche zum ersten Mal um 8:23 Uhr UTC

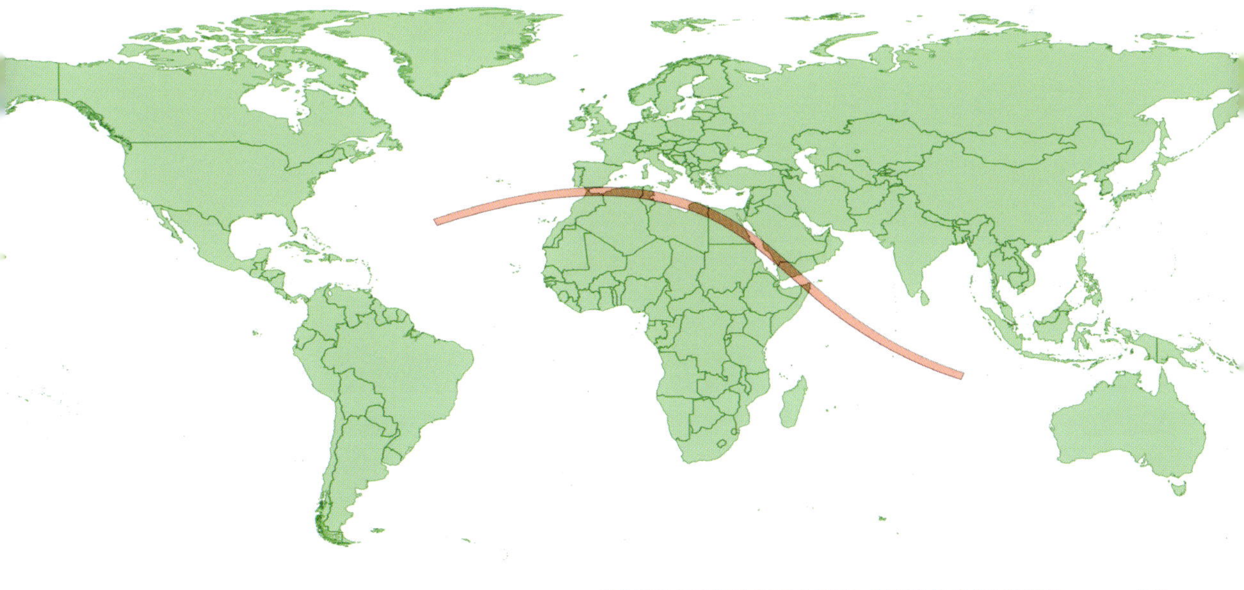

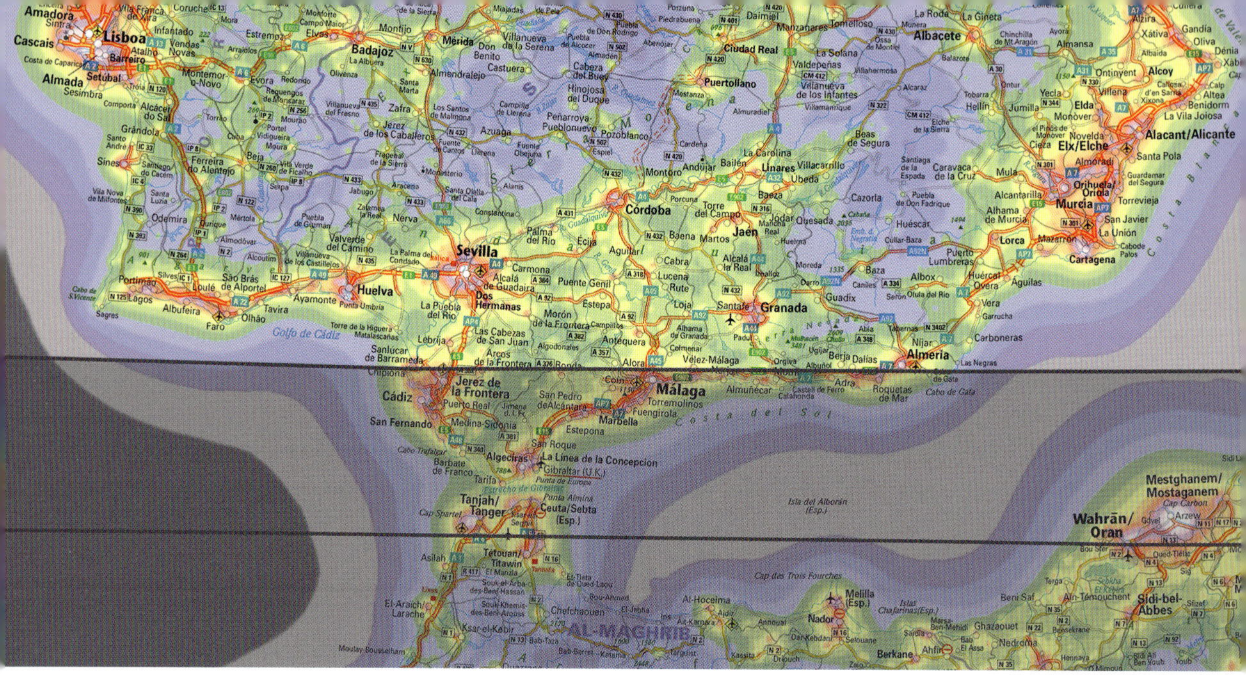

Der Finsternispfad liegt im Süden Spaniens, nur Melilla liegt südlich der Zentrallinie. Ausschnitt aus der „Sky Quality Map Europe".

(10:23 MESZ) und 28 Sekunden mitten über dem Atlantik und vermeidet jegliche Landberührung. Selbst die nächstgelegene bewohnte Insel, das zu Portugal gehörende Madeira, erlebt nur eine 97-prozentige partielle Finsternis. Die etwas weiter nördlich liegende Insel Porto Santo bringt es auf immerhin 98%.

Gegen 10:44 MESZ erreicht die Totalität fast zeitgleich den afrikanischen und den europäischen Kontinent: Die rund 250 Kilometer breite Totalitätszone reicht von der marokkanischen Atlantikküste bis zum Küstenort Chipiona in Andalusien. Die Städte Rabat und Casablanca in Marokko liegen außerhalb der Totalitätszone, ebenso Huelva und Sevilla in Spanien. Die Zentrallinie kreuzt die Nordspitze Marokkos südlich der Stadt Tanger, wo man um 8:44 UTC (10:44 MESZ) bereits 4 Minuten und 51 Sekunden Kernschatten genießen kann.

Auf seinem Weg nach Osten streift der Kernschatten die Küste Andalusiens sowie die marokkanischen Nordküste, um dann Richtung Süden nach Algerien und Tunesien abzubiegen. Das algerische Oran liegt genau auf der Zentrallinie und wird um 8:51 UTC (10:51 MESZ) erreicht. Algier liegt knapp nördlich der Totalitätszone und bekommt eine partielle Finsternis mit 99,9% Bedeckungsgrad zu sehen.

Den Rest Algeriens und Tunesiens passiert der Totalitätsstreifen im Binnenland, um gegen 9:11 UTC (11:11 MESZ) an der tunesischen Ostküste wieder das Mittelmeer zu erreichen. Die zu Italien zählende Insel Lampedusa verpasst der Kernschatten knapp (Bedeckungsgrad 99,8%), nicht hingegen die libysche Küste; Teile von Tripolis erleben eine knappe Minute Totalität. Nach einem weiteren Abschnitt über dem Meer ohne Landberührung erreicht der Schatten wieder Land an der Küste bei Bengasi, das genau auf der Zentrallinie liegt und wo die Dauer der Totalität bereits 6 Minuten und 9 Sekunden erreicht.

Nun biegt der Schattenpfad weiter nach Süden und verabschiedet sich endgültig vom

Mittelmeer. Nach Überschreiten der Grenze zu Ägypten erreicht er auch wieder bereisbares Gebiet. Hier, etwa 30 Kilometer südlich von Assiut nahe des Nil, erreicht die totale Finsternis um 9:57 und 8 Sekunden UTC (11:57 MESZ) ihre maximale Dauer von 6 Minuten und 23,5 Sekunden.
Südlich des Touristenorts Hurghada (partielle Finsternis, Bedeckungsgrad 98,6%) erreicht der Kernschatten das Rote Meer und gegen 10:22 UTC (12:22 MEZ) Saudi-Arabien und die Städte Dschidda und Mekka. Nach einem Gastspiel in Jemen, der Überquerung des Golfs von Aden und einem Streifzug über das Horn von Afrika verabschiedet er sich auf den Indischen Ozean, wo er außer einigen Korallenriffen kein nennenswertes Land mehr trifft und um 11:59 Uhr und 49 Sekunden UTC (13:59 MESZ) die Erde wieder verlässt.

Der Leuchtturm von Chipiona an der Mündung des Flusses Guadalquivir markiert die Nordgrenze des Totalitätspfads an der Atlantikküste (1).

Der Finsternisverlauf in Spanien

In Spanien konzentriert sich der Verlauf des Totalitätspfads auf die Küstenregionen Andalusiens, der südlichsten Region des Landes. Dabei ragt das spanische Territorium nur bis in etwa 35% der Breite des Totalitätsstreifens und befindet sich sämtlich nördlich der Zentrallinie, mit Ausnahme der ebenfalls zu Spanien gehörenden nordafrikanischen Exklave Melilla.

Cádiz und die Costa de la Luz

Um 10:45 MESZ erreicht der Kernschatten des Mondes die spanische Atlantikküste. Die nördliche Grenzlinie des Pfades der totalen Finsternis teilt den Ort Chipiona am Golf von Cádiz (1) in einen nördlichen und einen südlichen Teil: Nur im Süden, etwa ab der Höhe des Monumento de la Luz, eines Säulenmonuments direkt am Strand, ist die Totalität zu sehen. Sie dauert hier etwa 15 bis 20 Sekunden. Jeder Kilometer südwärts verlängert die Zeit im Kernschatten spürbar: Am Südrand von Chipiona ist sie bereits 56 Sekunden lang. Je weiter man sich entlang der Costa de La Luz nach Süden bewegt, desto länger wird die Totalität. Am schnellsten geht das von Chipiona aus über die Regionalstraße A-491, über

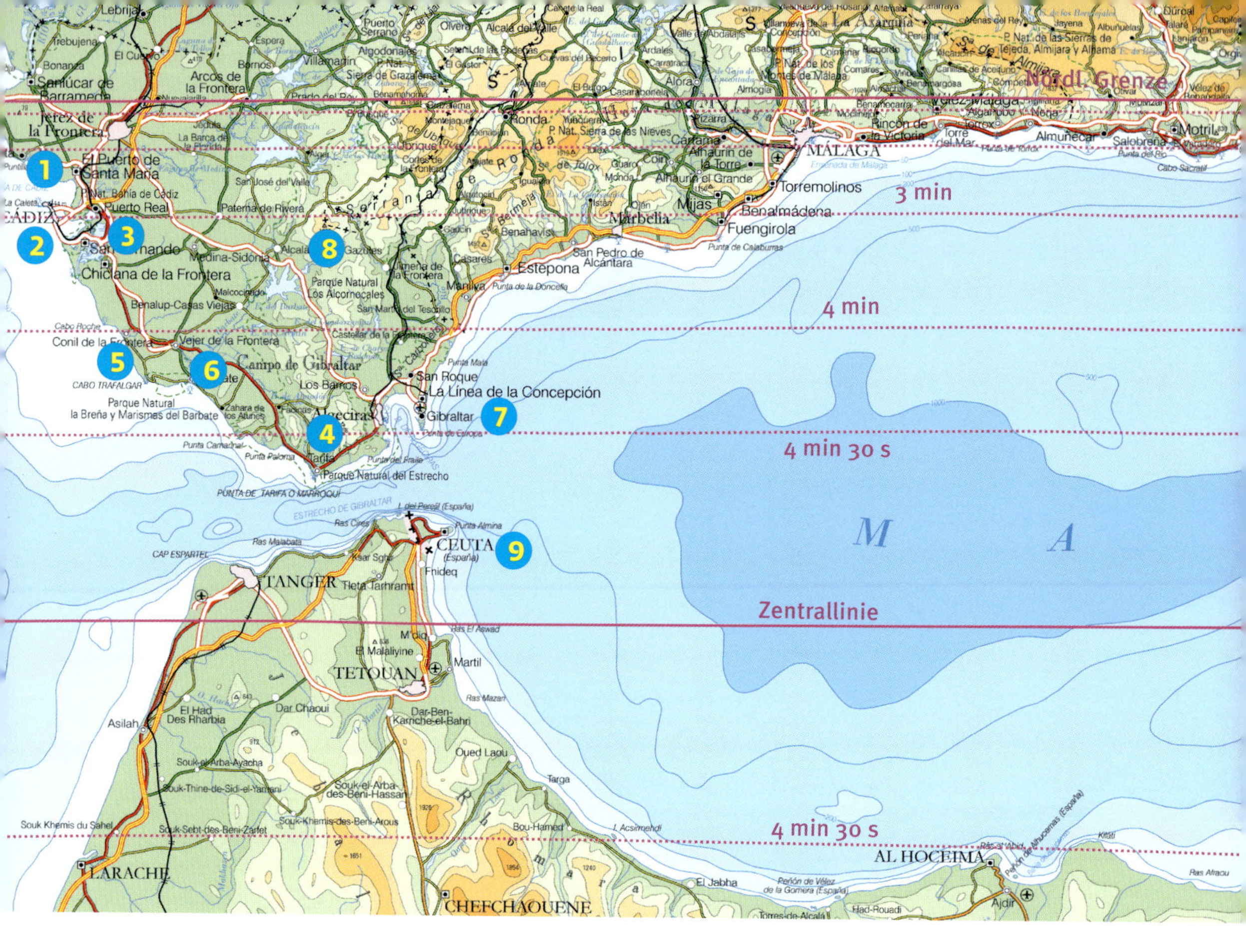

die man nach etwa 20 Kilometern den Küstenort Rota und damit die Bucht von Cádiz erreicht. Hier dauert die Totaliät bereits 2:15 Minuten – länger als die des Vorjahres auf der Zentrallinie!

Der Norden der Bucht von Cádiz (2) ist durch eine Flotten- und Luftwaffenbasis versperrt; die A-491 führt daher weiter im Hinterland um die Bucht herum nach El Puerto de Santa María. Die Landschaft ist geprägt von Marschland, Nadelwäldern und weitläufigen Stränden. Zwischen El Puerto de Santa María und Cádiz liegt der Parque Natural de la Bahía de Cádiz, der sich vor allem durch seine Avifauna auszeichnet.

In der Provinzhauptstadt Cádiz beginnt die Totalität um 10:45 MESZ und dauert 2:51 Minuten. Die Sonne steht zur Mitte der Finsternis 37° hoch und bei einem Azimutwinkel von 95°, also fast genau im Osten.

Cádiz dürfte eine Hochburg für Finsternistouristen werden und ist auch sonst einen Besuch wert: Eine der ältesten Städte Europas (ihre Ursprünge reichen bis in das 11. Jahrhundert v. Chr. zurück), liegt sie auf einer vorgelagerten Insel, vom Festland getrennt durch zwei Lagunen an der Mündung des Rio Guadalete. Sie ist über zwei Brücken und einen Damm erreichbar. Zu sehen gibt es in der Stadt zahlreiche architektonische Monumente wie die Kathedrale de la Santa Cruz, deren Glockenturm man bestiegen haben sollte, oder die zahlreichen Relikte der alten Stadtbefestigungen, darunter die berühmte Puerta de Tierra, die den historischen Stadtkern vom moderneren Teil von Cádiz trennt. Dazu la-

Cádiz, Quay und Kathedrale (2).

den Strände wie La Caleta, Santa María del Mar oder La Victoria zum Baden im Atlantik ein.

Etwa 20 Minuten südlich von Cádiz liegt im Ort San Fernando das von der spanischen Marine betriebene Real Observatorio de la Armada (ROA), die älteste Sternwarte Spaniens (3). Sie ersetzte 1798 ein früheres Observatorium im Zentrum von Cádiz und ist bis heute aktiv. Auf dem im klassizistischen Architekturstil gehaltenen Hauptgebäude erkennt man schon von weitem eine moderne Kuppel: Sie beherbergt ein Lasersystem zur Überwachung von Satelliten und Weltraumschrott.

Ein Besuch der Sternwarte ist unbedingt zu empfehlen: In einer außergewöhnlichen Kombination aus Tradition und Moderne gelangt man in wenigen Schritten von einer Ausstellung historischer Teleskope, Uhren und Instrumente, einer wunderschönen Bibliothek mit 30.000 Werken u.a. weltberühmter Astronomen und dem Meridiansaal, der bis ins 19. Jahrhundert den Nullmeridian des spanischen Weltreiches markierte, zu modernen Forschungseinrichtungen, etwa den Atomuhren, die Spaniens offizielle Uhrzeit ermitteln. Besuche werden vom Tourismusbüro von San Fernando organisiert. Zur Sonnenfinsternis sind besondere Veranstaltungen geplant!

Von Cádiz gelangt man entweder über kleine Straßen an der Küste weiter nach Süden, oder über die A-48 in das etwa 40 Kilometer südöstlich gelegene Vejer de la Frontera (6), wo die Totalität bereits 4:06 Minuten dauert. Der historische Ort gilt mit seinen engen und gewundenen Gassen und typisch andalusi-

Das Hauptgebäude des Real Observatorio de la Armada steht auf einem Hügel im Ort San Fernando (3).

Der Gautier-Doppelrefraktor des ROA wurde Ende des 19. Jahrhunderts für die fotografische Himmelsdurchmusterung „Cartes du Ciel" angeschafft und war noch bis 2006 in Betrieb.

schen weißen Häusern als einer der schönsten der Region.

Als Teil der befestigten Grenze der Nazarenenzeit liegt Vejer de la Frontera, mitsamt seiner Festung, auf einem 200 Meter hohen Hügel, von dem man einen guten Ausblick nach Osten auf das Landesinnere und die bewaldeten Hügel des Naturparks Los Alcornocales hat – und natürlich auch auf die verfinsterte Sonne, die zur Finsternismitte um 10:47 MESZ 38° hoch über dem Osthorizont steht.

Wer an der Küste bleibt, findet etwa 13 Kilometer südöstlich des Orts Conil de la Frontera einen weiteren historisch bedeutsamen Ort: Das Kap und den Leuchtturm von Trafalgar (5), vor dem im Jahr 1805 die berühmte Seeschlacht zwischen Großbritannien und den miteinander verbündeten Ländern Frankreich und Spanien stattfand. Der 34 Meter hohe weiße Leuchtturm wurde 1860 errichtet. Am Kap Trafalgar dauert die Totalität 4:15 Minuten.

Am Kap gibt es zahlreiche Restaurants und Übernachtungsmöglichkeiten, mit leichtem Hippie-Touch. Vom Kap Trafalgar knickt die Küstenlinie nach Osten ab, um bei dem Ort

Die Isla de Palomas vor Tarifa bietet die längste Totalitätsdauer auf dem europäischen Kontinent (4).

Dünen und Leuchtturm am Kap Trafalgar (5).

Barbate (4:16 Minuten) wieder Kurs nach Südost zu nehmen. Hinter dem Ort Zahara de los Atunes ist der Weg an der Küste durch den Naturpark Parque Natural del Estrecho versperrt. Um weiter nach Süden zu gelangen, muss man ins Hinterland und über die N-340 fahren.

Über die Landstraße N-340 gelangt man am schnellsten in den Süden und zu längerer Totalität. Sie führt von Vejer de la Frontera durch spärlich besiedelte, hügelige Landschaft und Windparks bis an die Südspitze der Iberischen Halbinsel – und damit an den Ort der längsten Totalität auf dem europäischen Kontinent.

Dieser Ort ist Tarifa (4), die südlichste Stadt des europäischen Festlands an der Meerenge von Gibraltar, nur 14 Kilometer vom afrikanischen Kontinent entfernt gelegen. In ihrer Umgebung findet man kilometerlange, meist feinsandige, flach ins Meer abfallende Strände und das Naturschutzgebiet Playa de los Lances mit Stränden, Dünen, Nadelwäldern und Marschland.

Im Ortszentrum von Tarifa beginnt die Totalität um 10:45 MESZ und dauert 4:38 Sekun-

Vejer de la Frontera mit Blickrichtung Ost (6).

den. Wer noch das letzte Quäntchen europäischen Kernschatten herausholen möchte, begibt sich auf die dem Ort vorgelagerte, mit ihm durch eine schmale Landbrücke verbundene Insel Isla de las Palomas oder auch Isla de Tarifa: Hier kommt man sogar auf 4 Minuten und 39,7 Sekunden. Im Mai 2024 war die Insel nur als Teil einer Führung begehbar. Man darf davon ausgehen, dass sie am 2. August 2027 von Finternistouristen überlaufen sein wird!

Der Atlantische Ozean sorgt mit seinen verhältnismäßig kühlen Wassertemperaturen (im Vergleich zum Mittelmeer) im Sommer für eine Abkühlung der Luft. Je weiter im Innenland, desto geringer der Kühleffekt: Das Tal des Rio Guadalquivir, in der Region von Córdoba, gehört regelmäßig zu den Regionen Spaniens mit den höchsten Sommertemperaturen.

An der flachen Atlantikküste fehlen Geländehindernisse, an denen die Atlantikluft Höhe gewinnen und zu Wolken kondensieren könnte. Die Region um Cádiz erhält folglich die meisten Sonnenstunden Spaniens: Zwischen 1981 und 2010 waren es im Mittel mehr als 3000 pro Jahr.

An der gesamten Küste beträgt die Sonnenscheinwahrscheinlichkeit im August bei über 80% – die Costa de la Luz trägt ihren Namen zu Recht! Speziell um Tarifa darf man sich aber außerdem auf ein weiteres meteorologisches Phänomen einstellen: den praktisch immerzu wehenden Wind! Tarifa gilt als Mekka der Kitesurfer, was bedeutet, dass es hier praktisch immerzu windet oder stürmt: Ob der aus Osten wehende, warme Levante oder der kühlere Poniente vom Atlantik – je nach Monat weht an 50-80% der Tage ein Wind der Stärke 4 oder mehr.

Campo de Gibraltar und Los Alcornocales

Östlich von Tarifa, in der Region um die Stadt

Gibraltar

Gibraltar gehört zum Vereinigten Königreich und ist damit nicht Teil des Schengen-Raums. EU-Bürger benötigen für die Einreise einen gültigen Reisepass. Der Personalausweis, der für Spanien ausreicht, genügt nicht! Die Grenzstation liegt einen Kilometer nördlich des Felsens, mit der Stadt La Línea de Concepción auf spanischer Seite. Sie ist 24 Stunden am Tag, sieben Tage die Woche geöffnet. Man kann die Grenze so oft passieren, wie man möchte, eine Gebühr wird nicht erhoben. Einen Blick auf die Warteschlange kann man unter frontierqueue.gi live anschauen (Stand März 2024).

Auch im Sommer keine Seltenheit: Levante-Wolken über dem Felsen von Gibraltar (7).

Algeciras am Westufer der gleichnamigen Bucht gegenüber von Gibraltar, sinkt die Sonnenwahrscheinlichkeit lokal um 10 bis 20% im Vergleich zur Atlantikküste. Das hat zwei Gründe: Zum einen das nahe Mittelmeer mit seinen hohen Wassertemperaturen über 20°C, zum anderen die Hügel und Berge des Naturparks Los Alcornocales (8), der sich von der Küste Tarifas zur Betischen Kordillere (Cordillera Bética), dem Küstengebirge Andalusiens, erstreckt. Die höchsten Gipfel von Los Alcornocales erreichen immerhin 1000 Meter. Wird feuchte Meeresluft gegen diese Berge gedrückt, steigt sie auf, kühlt ab und bildet zähen Nebel – erst recht wenn der kräftige, aus dem Osten kommende und vor allem im Sommer aktive Wind, der Levante, weht. Für die Finsternis kann das ein Problem sein: Sollte eine entsprechende Wetterlage mit Ostwind vorherrschen, ist die Costa de la Luz die bessere Wahl. Levante-Episoden dauern meist mehrere Tage an.

Korkeichen im Naturpark Los Alcornocales (8).

Vom Aussichtspunkt Isabella II hat man einen perfekten Blick auf die Halbinsel von Ceuta und die verfinsterte Sonne (9).

Im Winter sind es vor allem die Westwinde (Poniente), die regenreiche Luft vom Atlantik bringen. Diese besondere Lage zwischen zwei sehr unterschiedlichen Meeren sorgt für ein im Vergleich zum restlichen Andalusien regenreiches Mikroklima, in dem eine der letzten subtropischen „Urwaldlandschaften“ existiert: Los Alcornocales ist besonders für seine ausgedehnten Korkeichenwälder bekannt, die größten der Iberischen Halbinsel.

Die Berge des Parks Los Alcornocales erstrecken sich zwischen den Provinzen von Cádiz und Málaga und reichen im Norden bis zur Sierra de Grazalema und damit an die Nordgrenze des Finsternispfads. Die Gegend im Süden Andalusiens ist auch als Campo de Gibraltar bekannt.

In Algeciras dauert die Totalität 4:27 Minuten. Ebenso lang wird das gegenüberliegende Gibraltar (7) in den Kernschatten getaucht. Gibraltar mit seinem 426 Meter hohen Kalksteinfelsen wird ein weiterer prominenter Hotspot für Finsternisbeobachter sein: Der Blick vom „Gibraltar Rock“ ist spektakulär und optimal für die Sonnenfinsternis – sofern man gute Sicht nach Osten hat, was nur an wenigen Stellen der Fall ist, da sich der Ort und die Zufahrtsstraßen auf den Berg auf der Westseite befinden.

Auf der Seilbahnstation nahe der Signal Hill Battery hat man perfekte Sicht, allerdings ist der Platz begrenzt und es ist anzunehmen, dass der Berg am Finsternistag übervölkert sein wird. Die Strände von Catalan Bay und Sandy Bay an der Ostseite sind gute Alternativen.

Wer das Campo de Gibraltar, Tarifa, Algeciras oder sogar Gibraltar selbst als Finsternisziel

wählt, sollte bedenken, dass die Levante-Wolken hier keine Seltenheit sind. Leicht kann es passieren, dass sich genau am „Rock" eine zähe Wolke bildet und die Sicht auf die Finsternis verstellt. Bei stärkeren Levante-Episonden kann die gesamte Südspitze bewölkt sein, erst nordwestlich des Parque Los Alcornocales scheint dann wieder die Sonne.

Ein Stückchen Spanien in Afrika: Ceuta und Melilla

Spanien besitzt zwei Exklaven an der marokkanischen Küste: Ceuta und Melilla. Beide Städte werden ebenfalls vom Kernschatten erfasst. Ceuta (9) liegt nur 25 Kilometer südlich von Gibraltar und ist am einfachsten mit der Fähre (mehrfache Fahrten pro Tag, Dauer ca. 1 Stunde, Preis hin- und zurück ca. 70 € ohne Fahrzeug) von Algeciras zu erreichen. Einen Flughafen gibt es nicht, die einzige Alternative sind Helikopterflüge für ganz Eilige.
Unverstellte Ausblicke Richtung Osten auf

Einreise nach Marokko

Wer nach Marokko einreisen will, sei es per Flugzeug, per Fähre nach Tanger oder über Ceuta und Melilla, braucht einen für die Dauer des Aufenthalts gültigen Reisepass. Ein Visum ist für deutsche Staatsbürger (Stand: März 2024) nicht nötig. Bei der Einreise mit dem Auto ist darauf zu achten, dass die Papiere und Versicherungen für Marokko gültig sind – unbedingt bei der Autovermietung nachfragen! Im März 2024 dauerte die Abfertigung in Ceuta schon einmal gerne mehrere Stunden. Die Beziehungen zwischen Spanien und Marokko sind, insbesondere wegen der Exklaven selbst, die Marokko für sich beansprucht (so wie Spanien Gibraltar), angespannt. Auch kommt es immer wieder zu Versuchen von Migrantengruppen aus Afrika, die Grenzzäune mit Gewalt zu überwinden, mit entsprechenden Polizeieinsätzen von spanischer Seite – Probleme, mit denen man sich kurz vor der Finsternis vielleicht nicht herumplagen möchte.

die Sonnenfinsternis hat man vor allem außerhalb der Stadt, z. B. vom 290 Meter hoch gelegenen Aussichtspunkt Isabella II (leider teilweise durch ein Betonmonument verstellt) sowie von zahlreichen Punkten der östlich vorgelagerten Halbinsel, rund um den 205 Meter hohen Monte Hacho. Nördlich und südlich vom Mirador Isabella II findet man weitere gute Aussichtpunkte an mehreren Befestigungstürmen, die einst der Verteidigung Ceutas dienten und die sich daher alle auf strategisch wichtigen Anhöhen befinden. Finsternisreisende werden entlang der Straße N-362 etwa beim Torre de Piniés, dem Torre de Francisco Asís oder dem Torre del Renegado fündig werden.

Ceuta liegt noch etwa 19 Kilometer nördlich der Zentrallinie – näher kommt man von spanischem Boden nicht heran! Der Lohn der Mühen: rund 10 Sekunden mehr Totalität als in Tarifa. Die Totalität beginnt in Ceuta um 10:55 MESZ und dauert maximal 4:49 Sekunden. Die Sonne steht bei Finsternismitte 38° über dem Osthorizont.

Wer Ceuta wählt, muss wissen, dass die Wolkenwahrscheinlichkeit durch den Levante-Wind ähnlich ist wie in Gibraltar und Algeciras. Wer nicht nach Marokko einreisen will oder kann, sitzt anders als auf dem spanischen Festland schnell in der Falle – die Stadt und ihre Umgebung bieten, genau wie Melilla, kaum Ausweichmöglichkeiten.

Melilla liegt über 200 Kilometer weiter östlich und rund 50 Kilometer südlich der Zentrallinie – und damit 15 Kilometer weiter von der Zentrallinie als das nördlich gelegene Tarifa. Man gewinnt also keine Totalitätsdauer, im Gegenteil: Die totale Phase beginnt hier um 10:48 MESZ bei gut 40° hoher Sonne, dauert aber mit 4:33 Minuten etwa 6 Sekunden weniger als in Tarifa. Wer trotzdem dorthin will, kann zwischen Fähre (z. B. aus Málaga oder Almería) und Flugzeug wählen. Tägliche Flüge gibt es von Madrid und Málaga, wobei letzteres meistens die günstigere Alternative ist.

Marbella, Málaga, Almería: die Mittelmeerküste

An der Mittelmeerküste liegt die Chance auf klaren Himmel meist bei 80 bis 90%, ähnlich wie an der Atlantikküste. Nur östlich von Málaga bei Motril und westlich von Almería sinkt sie lokal bis auf 70%.

Sofern keine Schlechtwetterfront heranzieht, bilden sich Wolken allenfalls lokal an der bergigen Topografie: Die sich von der Cádiz-Bucht bis östlich von Almería ziehende Betische Kordillere dominiert den gesamten

Süden Andalusiens. Sie erreicht östlich von Granada mit der Sierra Nevada ihre höchsten Erhebungen; der Mulhacén ist mit 3482 Metern der höchste Berg Kontinentalspaniens. Die südlichen Ausläufer der Kordillere ragen bis an die Küste.

Zwischen Málaga und Almería steigt das Gelände von Meeresniveau innerhalb weniger Kilometer (und damit bis zur Nordgrenze des Totalitätsstreifens) auf mehrere hundert Höhenmeter an. Weiter ausladendes, flacheres Gelände findet man um die Städte Motril und El Ejido, westlich des Golfs von Almería. Ansteigendes Gelände begünstigt die Bildung von Quellwolken, vor allem in Kombination mit dem warmen Mittelmeer.

Östlich der Meerenge von Gibraltar werden sich die meisten Finsternisbeobachter auf die Küste konzentrieren, um so viel Zeit wie möglich im Kernschatten zu verbringen. Von

Málaga ist die größte spanische Stadt im Totalitätsstreifen (10).

Das Castillo de Salobreña bei Nacht. In Salobreña dauert die Totalität 1:46 Minuten (11).

Die Tropfsteinhöhlen von Nerja liegen im Finsternispfad zwischen Málaga und Motril. Sie sind einen Besuch wert, nur vielleicht nicht während der Totalität (12).

Gibraltar aus wendet sich die Mittelmeerküste in einem weiten Bogen Richtung Nordosten und damit von der Zentrallinie weg. In Marbella dauert die Totalität noch 3 Minuten und 18 Sekunden.

Die Costa del Sol bei Marbella zeichnet sich durch ihr großes touristisches Angebot und lange Strände aus – und ist praktisch durchgehend zugebaut. Nur ein etwa ein Kilometer langes Küstenstück etwa 10 Kilometer östlich der Stadt wurde im Bauboom vergessen und 2001 zum Naturdenkmal erklärt: Die Dünen von Artola beim Yachthafen von Cabopino vermitteln heute nur eine Ahnung davon, wie schön die Küste einmal ausgesehen hat.

Um 10:48 MESZ erreicht der Kernschatten

Málaga, die bevölkerungsreichste Stadt Spaniens im Totalitätsstreifen. Die totale Finsternis dauert hier 1 Minute und 57 Sekunden. Málaga liegt inmitten der eingeschlossenen Ebene gleichen Namens, die von den Bergen, dem Fluss Guadalhorce und dem Küstenstreifen umgeben wird. Zu den herausragenden Sehenswürdigkeiten der Stadt zählen die maurische Festung La Alcazaba, das römische Theater und das Geburtshaus Pablo Picassos.

Bei Málaga knickt der Küstenverlauf nach Osten und schlängelt sich anschließend mit stetem Auf- und Ab weiter ostwärts, wobei die Küste sich nie weiter als etwa 10 Kilometer von der ebenfalls von West nach Ost verlaufenden nördlichen Totalitätsgrenze entfernt. Die Dauer der Totalität oszilliert direkt an der Küste daher zwischen 1,5 und etwas über 2 Minuten, mit einem Maximum von 2 Minuten 25 Sekunden bei der Ortschaft Almerimar etwa 33 Kilometer Luftlinie südwestlich von Almería.

Östlich von Nerja (12, Totalität: 1:33 Minuten) ragen die gebirgigen Ausläufer direkt ans Meer. Die Küstenstraße N-340 windet sich entlang der Steilküste, was spektakuläre Ausblicke auf die hier Costa Tropical genannte Küste erlaubt, aber auch das Vorankommen erschwert. Die Autovía A-7 kürzt ihre Strecke hingegen durch zahlreiche Tunnel ab.

Die Nerja-Höhle, auch als „natürliche Kathedrale“ bekannt, gehört zu den beeindruckendsten und meistbesuchten Tropfsteinhöhlen Spaniens. Sie besteht aus einer Reihe von Höhlengalerien, die sich über eine Länge von fast 5 Kilometern erstrecken.

Sechs Kilometer westlich von Motril liegt an der Küste das „Weiße Dorf“ Salobreña (11) (1:46 Minuten), dessen typisch andalusisches Stadtzentrum und maurische Festung zu den sehenswertesten Orten entlang der Costa Tropical zählen. Bei Motril (1:42 Minuten) wird das Gelände flacher, östlich davon findet man wieder Steilküste, bis bei Adra (1:45 Minuten) und El Ejido (1:27 Minuten) die flachere Küste der Region Almería erreicht wird.

Die Hafenstadt Almería selbst bleibt ganz knapp außen vor: Im Stadtzentrum vermag der Mond die Sonne nur zu 99,9% zu bedecken, nur auf einem kleinen Landvorsprung zwischen Zentrum und Flughafen ergeben sich ein paar Sekunden bis eine halbe Minute Totalität. Östlich des Golfs von Almería trifft der Kernschatten noch ein letztes Mal europäischen Boden, mit Totalitätsdauern an der steilen Küste von maximal 2 Minuten.

Außerhalb des Totaltitätspfads liegt auch das größte astronomische Observatorium Kontinentalspaniens auf dem rund 2100 Meter hohen Calar Alto. Es ist freilich dennoch einen Besuch wert: Man erreicht es von Almería über die A-92 landeinwärts, und ab der Ortschaft Gérgal über die spektakulären, sich durch Kiefernwälder windenden Straßen AL-1178 und AL-4404. Das Calar-Alto-Observatorium besteht aus fünf über den Berg verteilten Kuppeln, die Teleskope von 0,8 bis 3,5 Metern Spiegeldurchmesser beherbergen. Das 3,5-Meter-Teleskop ist das größte Kontinentaleuropas.

Besuche des Observatoriums werden über das Astrotourismusunternehmen Azimuth Spain organisiert. Azimuth bietet auch Beobachtungstouren bei Nacht mit Amateurteleskopen an. Sehr beliebt sind Nachtobservationen am 1,23-Meter-Teleskop, bei denen man durch ein professionelles Teleskop der Meterklasse visuell schauen kann – hierfür muss man aber Monate im Voraus buchen!

Verkehrstechnisch ist die Mittelmeerküste gut erschlossen. Reisende haben zwischen Algeciras und Málaga die Wahl zwischen der mautpflichtigen, aber breiteren Autobahn AP-7 und der näher an der Küste verlaufenden A-7. Ab Málaga führt die A-7 weiter bis Almería, während näher an der Küste die Nationalstraße N-340a verläuft. Beide Straßen verlaufen entlang der Totalitätszone: Wenn es schnell gehen soll, sind die Autobahnen im Hinterland die bessere Wahl, für die Suche nach einem Beobachtungsplatz bewegt man sich besser näher an der Küste.

Der internationale Flughafen von Málaga bietet zahlreiche Verbindungen nach ganz Europa und ist damit ein idealer Zielpunkt für die Reise in die Finsterniszone.

(Fast) perfekte Wetteraussichten

Die Dauer der Totalität, die hohe Sonnenscheinwahrscheinlichkeit, das weitgehend flache Gelände und die gute Erreichbarkeit sprechen allesamt für die südliche Atlantikküste. Sie dürfte die erste Wahl für viele Finsternistouristen sein. Das Campo de Gibraltar, mit dem Gibraltarfelsen und Algeciras, sowie das Hinterland mit dem Naturpark Los Alcornocales sind wegen der Gefahr von Levante-Wolken etwas weniger attraktiv – hier ist unbedingt die aktuelle Wettersituation zu beachten. Auch die Mittelmeerküste bietet hervorragende Wetteraussichten – mit dem Risiko lokaler Quellwolken.

Natürlich kann eine Wetterfront all diese Überlegungen mit einem Schlag zunichte

Am 14. August 2016 lag das westliche Mittelmeer unter einem Schleier aus Saharastaub. An den Küsten Spaniens und Nordafrikas sind außerdem zahlreiche Levante-Wolken zu erkennen.

machen. Jedoch sind die Wetteraussichten in Andalusien im Juli und August im statistischen Mittel ausgezeichnet.

Satellitenbilder zeigen, dass der Himmel über der Atlantikküste am 2. August in den letzten 20 Jahren 19 mal wolkenlos und nur einmal teilweise bewölkt war. An der Mittelmeerküste ist die Statistik, wie nach dem oben geschriebenen erwartet, weniger gut, aber immer noch positiv: Zwischen 2003 und 2023 wäre die Sonnenfinsternis hier in 12 Jahren problemlos sichtbar gewesen, in 7 Fällen unter teilweise bewölktem Himmel (bzw. nicht entlang der gesamten Küste) und nur in einem Fall wäre die Finsternis fast ganz den Wolken zum Opfer gefallen.

Sehr wahrscheinlich ist die Chance auf wolkenlosen Himmel an der Mittelmeerküste nochmals besser, als es die Satellitendaten und die Wolkenwahrscheinlichkeitskarten nahelegen. Quellwolken wachsen vor allem ab den Mittags- und Nachmittagsstunden, wenn die Sonne Zeit hatte, den Boden zu erwärmen. Die Totalität der Finsternis findet aber am Vormittag gegen 10:45 Uhr MESZ statt. Spanien hält trotz seiner westlichen Lage kurioserweise an der mitteleuropäischen Zeitzone fest – unter zusätzlicher Berücksichtigung der Sommerzeit ergibt das somit einen Sonnenstand, der eher 08:45 Uhr entspricht. Bis zum höchsten Sonnenstand vergehen nach der Totalität noch fast vier Stunden. Damit ist die Sonnenfinsternis am 2. August eher eine Morgenfinsternis mit hoffentlich noch relativ kühler Luft und völlig ohne Wolken!

Schließlich kann ein von Nordafrika wehender Wind feinen Staub aus der Sahara bis nach Spanien transportieren. Solche Calima genannten Episoden dauern meist zwischen drei und fünf Tagen und können den Him-

Die Chance auf klaren Himmel spiegelt die links gezeigte Situation wieder: Bei Gibraltar und entlang der Mittelmeerküste ist sie etwas geringer als am Atlantik und im Binnenland.

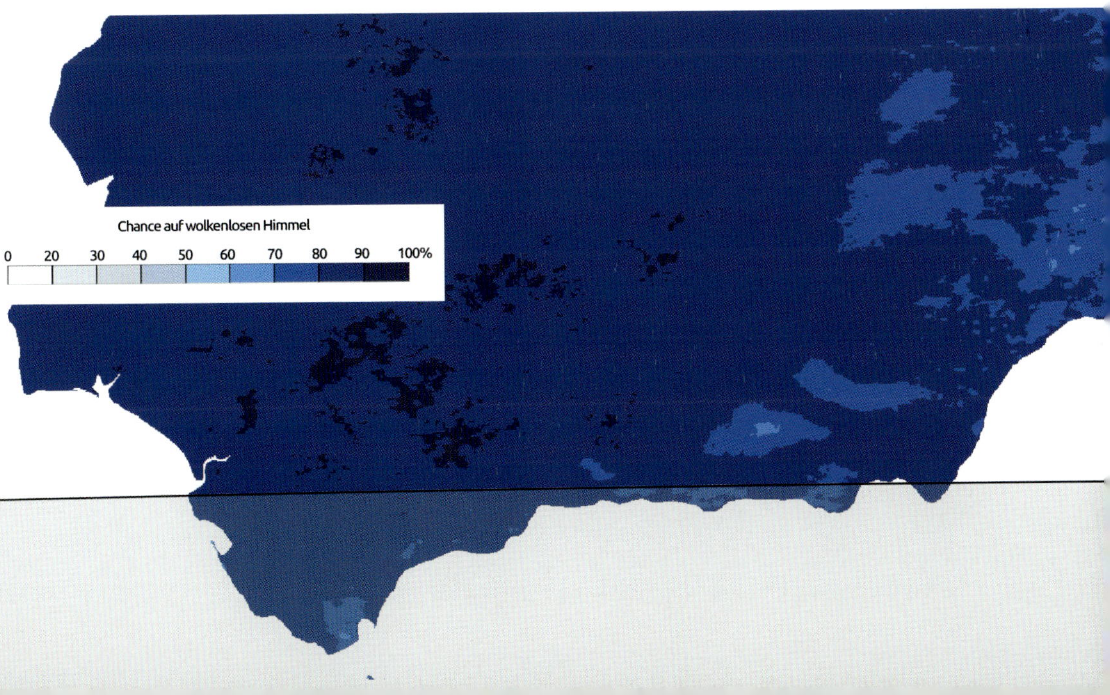

Alternative Afrika?

Die Zentrallinie der Sonnenfinsternis verfehlt den europäischen Kontinent komplett. Wer das Maximum an Totalität will, muss sich nach Nordafrika begeben. Leider lässt die Sicherheitslage in den Ländern dieser Region zu wünschen übrig. Das Auswärtige Amt warnt (Stand: Juni 2024) insbesondere vor Reisen in die Grenzregionen zwischen Marokko und Algerien, Algerien und Tunesien sowie ganz Libyen. Am sichersten bewegt man sich noch in Marokko und Ägypten, doch auch hier ist Vorsicht insbesondere bei unbegleiteten Exkursionen in abgelegene Wüstenregionen geboten. Terroristisch motivierte Gewaltverbrechen auch gegen Touristen sind leider eine Realität.

Die Zentrallinie verläuft in Marokko von der Atlantikküste südlich der Hafenstadt Tanger bis knapp nördlich der Ortschaft M'Diq am Mittelmeer. Vom Stadtzentrum Tangers sind es nur knapp zehn Kilometer Luftlinie bis zur Zentrallinie. Die Totalität dauert hier 4:53 Minuten; die Sonne steht um 09:47 Uhr Ortszeit, dem Zeitpunkt der maximalen Finsternis, rund 38° über dem Osthorizont. Im Vergleich zur Südspitze Spaniens gewinnt man also etwa 14 Sekunden Dunkelheit.

Ihre maximale Dauer erreicht die Finsternis in Ägypten, und zwar genau 30 Kilometer südlich von Assiut nahe des Nil: Hier kann man sich ganze 6 Minuten und 23,5 Sekunden im Kernschatten des Mondes aufhalten. Der exakte Punkt liegt mitten in der Wüste und ist nur mit Geländefahrzeugen zu erreichen. Am nächsten dran kommt man nordöstlich am Nil oder auf der Wüstenstraße, die die Orte Edfu am Nil und Marsa Alam am Roten Meer verbindet.

Ein wichtiges Detail, das insbesondere Fotografen und Beobachter mit Teleskop beachten sollten, ist der extrem hohe Sonnenstand von 81° zur Finsternismitte um 09:57 Uhr UTC – die Sonne scheint fast genau von oben! Das, zusammen mit der zu erwarteten Hitze in der Wüste sowie den oben genannten Sicherheitsproblemen ist der Grund, weswegen wir insbesondere Individualreisenden und „Neulingen" Spanien als Finsternisreiseziel empfehlen!

mel in ein milchig-weißes Licht tauchen. Die Sonnenfinsternis wird dadurch zwar nicht unsichtbar, feine Details der Korona können aber „ausgewaschen" erscheinen. Einen zuverlässigen Vorhersageservice für den Staubgehalt der Atmosphäre über Europa bietet die Universität Athen an (vgl. Anhang).

Das größte Problem dieser Sonnenfinsternis dürfte der begrenzte Raum sein, auf dem sie sich abspielt – jedenfalls wenn man sich auf den europäischen Kontinent beschränkt. Wer mindestens vier Minuten Totalität will, muss sich im südlichsten Zipfel Spaniens aufhalten – und damit könnte es dort eng werden. Wenngleich die Strände der Atlantikküste Platz für Millionen Sonnenfinsternisbeobachter bieten, sollte man Quartier und Mietwagen rechtzeitig buchen – am besten schon zwei Jahre im Voraus. Am Finsternismorgen bleibt keine Zeit, erst noch von außerhalb des

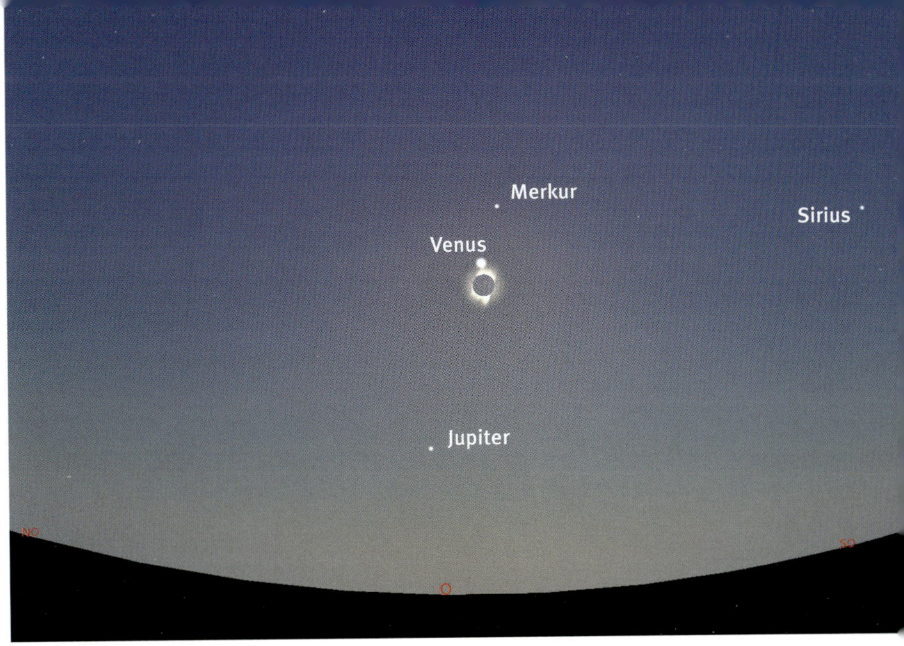

Der Himmel während der Totalität: Venus strahlt auffällig direkt „über" der Sonne, darüber erscheint Merkur.

Totalitätspfads anzureisen. Es empfiehlt sich, den Beobachtungsplatz spätestens am Tag vorher einzunehmen!

Der Himmel während der Totalität

Als Finsternis des Saros-Zyklus 136 findet auch die Finsternis am 2. August 2027 im absteigenden Mondknoten statt. Die Sonne befindet sich an diesem Tag im Sternbild Krebs. Nicht weniger als vier helle Planeten zeigen sich während der Totalität, dazu kommen einige der hellsten Sterne. Die lange Dauer der Totalität erlaubt es auch, sich etwas mehr Zeit für die Betrachtung des Himmels zu nehmen.

Planeten

Schon vor der eigentlichen Totalität sollte weniger als 3° nordwestlich der Sonne die $-3^{m}9$ helle Venus erscheinen. Mit Blickrichtung Ost erscheint sie direkt „über" der Sonne. Rund 10° nordwestlich, etwa die Breite einer ausgestreckten Hand „über" der Sonne, findet man ebenfalls recht leicht den $-1^{m}5$ hellen Merkur. Jupiter, $-1^{m}7$ hell, steht hingegen 21° südöstlich der Sonne und damit von dieser aus gesehen etwa auf halbem Weg zum Osthorizont. Von der Atlantikküste gesehen steht er bei Totalität etwa 17° hoch. Planet Nummer vier finden wir auf der anderen Himmelsseite, etwa 37° über dem Westhorizont: Saturn ist mit $+0^{m}5$ der schwächste der vier.

Sterne

Zum Zeitpunkt der Totalität stehen einige der hellsten Sterne am Himmel: Am einfachsten ist der $-1^{m}5$ helle Sirius zu finden. Er steht 31° hoch im Südsüdosten und damit von der Sonne aus gesehen etwa 45° nach rechts. Von Sirius aus nach rechts oben steht das Sternbild Orion, dessen hellste Sterne Rigel und Beteigeuze zu erkennen sein sollten. Wer sich die Zeit nehmen will, sollte auch die restlichen Sterne des Wintersechsecks Prokyon, Capella, Aldebaran und Pollux erkennen können – doch allzu viel Muße bleibt auch bei der längsten Totalität nicht!

KAPITEL 4

Die ringförmige Sonnenfinsternis am 26. Januar 2028

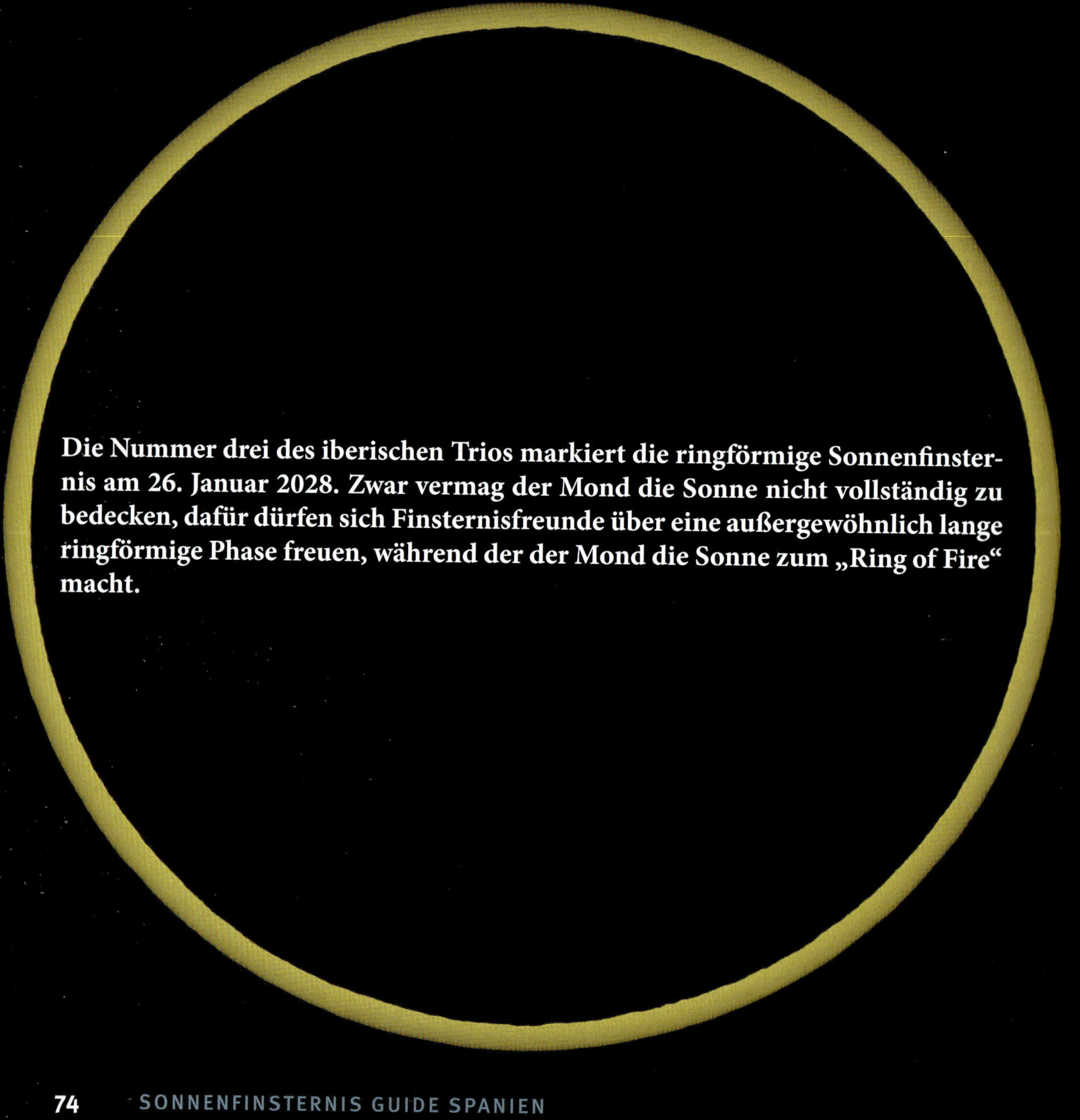

Die Nummer drei des iberischen Trios markiert die ringförmige Sonnenfinsternis am 26. Januar 2028. Zwar vermag der Mond die Sonne nicht vollständig zu bedecken, dafür dürfen sich Finsternisfreunde über eine außergewöhnlich lange ringförmige Phase freuen, während der der Mond die Sonne zum „Ring of Fire" macht.

Wie schon bei der totalen Sonnenfinsternis am 12. August 2026 fällt auch die ringförmige Finsternis 2028 in die Stunden des späten Nachmittags. Sie findet damit bei tief stehender Sonne statt. Immerhin kreuzt die Zone der Ringförmigkeit Südspanien und Andalusien und damit eine der auch im Winter sonnenreichsten Gegenden Europas.

Ein Feuerring der dicken Sorte

Am 26. Januar 2028 steht der Mond genau zwei Tage vor dem Apogäum, dem erdfernsten Punkt seiner Bahn. Sein Winkeldurchmesser erreicht daher nur 29‘ 38“. Gleichzeitig hat die Erde genau drei Wochen zuvor, am 5. Januar, ihr Perihel erreicht, den sonnennächsten Punkt ihrer Bahn. Damit erscheint die Sonne 32‘ 28“ groß – fast drei Bogenminuten größer als der Mond. Die Winkelgrößenverhältnisse sind also ähnlich wie bei der totalen Finsternis im August 2027, nur dieses Mal zugunsten der Sonne.

Damit bleibt von der Sonne, gesehen von der Zentrallinie, ein zur Finsternismitte knapp 1,5 Bogenminuten breiter Ring übrig – und die ringförmige Phase dauert bis zu 10 Minuten und 27 Sekunden. Dunkel wie zu einer totalen Sonnenfinsternis wird es dabei nicht: Selbst wenn der Mond vollständig vor der Sonne steht, sind noch knapp 18% der Sonnenscheibe sichtbar.

Statt eines Totalitätsstreifens spielt die Musik bei der ringförmigen Finsternis in einem etwa 350 Kilometer breiten Streifen der Ringförmigkeit, dessen Verlauf wir im folgenden Abschnitt genauer betrachten.

Allgemeiner Verlauf

Die Sonnenfinsternis ist in weiten Teilen Süd- und Mittelamerikas sowie im Osten Nordamerikas, Teilen Nordafrikas und Westeuropas als partielle Finsternis zu sehen. Die

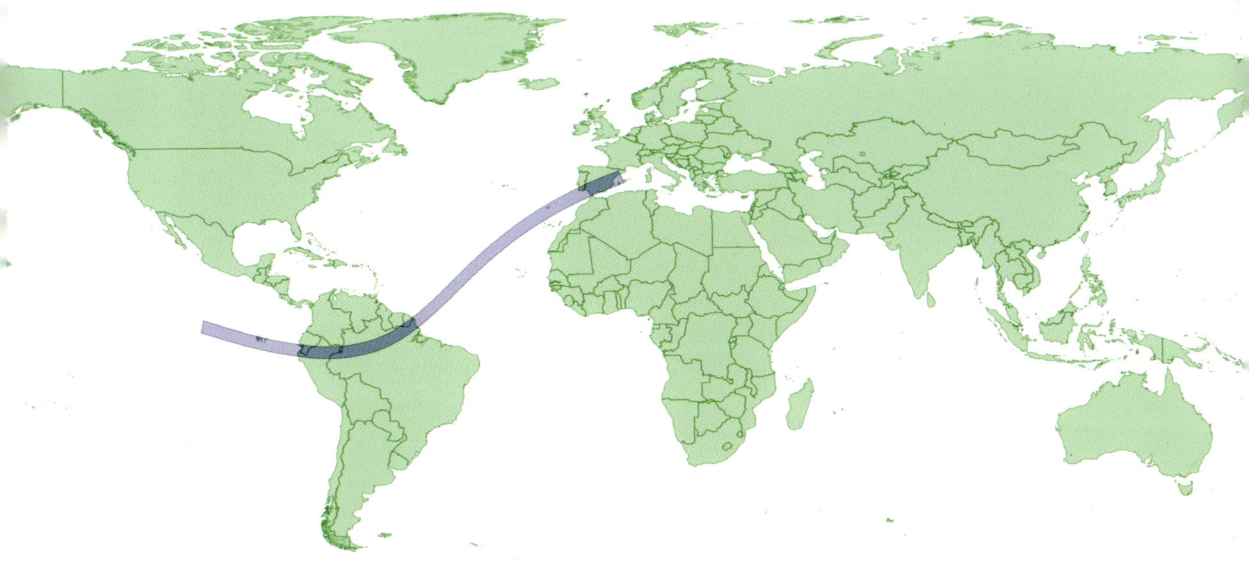

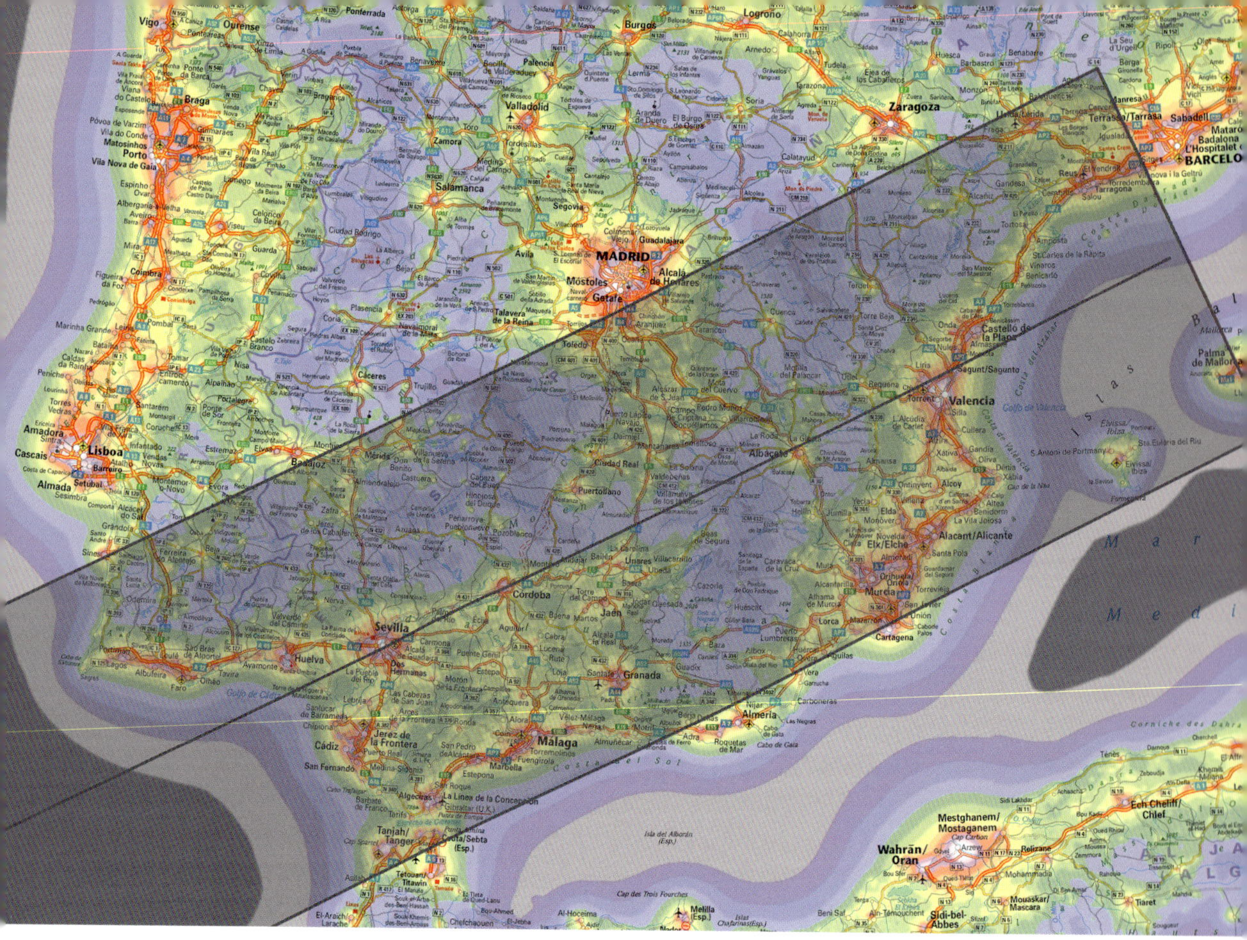

Der Finsternispfad durchquert die Iberische Halbinsel von Südwest nach Nordost. Ausschnitt aus der „Sky Quality Map Europe".

ringförmige Phase beginnt um 13:14 Uhr UTC (14:14 MEZ) über dem Pazifik rund 3500 km vor der Küste Ecuadors, dessen Galapagosinseln gegen 13:20 UTC das erste besiedelte Land sind, die von der Zone der Ringförmigkeit erreicht werden.

Etwa 11 Minuten später wird im Norden Perus bzw. im Süden Ecuadors das südamerikanische Festland erreicht. Wichtige Städte, von denen die ringförmige Finsternis gesehen werden kann, sind Piura und Iquitos in Peru bzw. Cuenca und Machala in Ecuador; die Großstadt Guayaquil bleibt knapp außen vor und erlebt „nur" eine partielle Finsternis mit extrem spitzen, sich fast berührenden „Sonnenhörnern" – ein ungewöhnlicher und spannender Anblick!

Anschließend wandert die Ringförmigkeitszone zuerst durch das peruanische, dann das brasilianische Amazonasgebiet, wo sie ab 14:24 UTC die Millionenstadt Manaus erreicht. Um 15:04 UTC (16:04 MEZ) trifft sie an der brasilianischen Nordküste nahe der Grenze zu Französisch-Guayana auf den Atlantik. Kurz vor der Küste erreicht die Finsternis bei 2° 45' Nord und 51° 25' West über dem brasilianischen Regenwald nahe des Örtchens Vila do Carnot ihr Maximum: Die ringförmige Phase dauert hier mit 10 Minuten und 24,6 Sekunden so lange wie sonst nirgendwo.

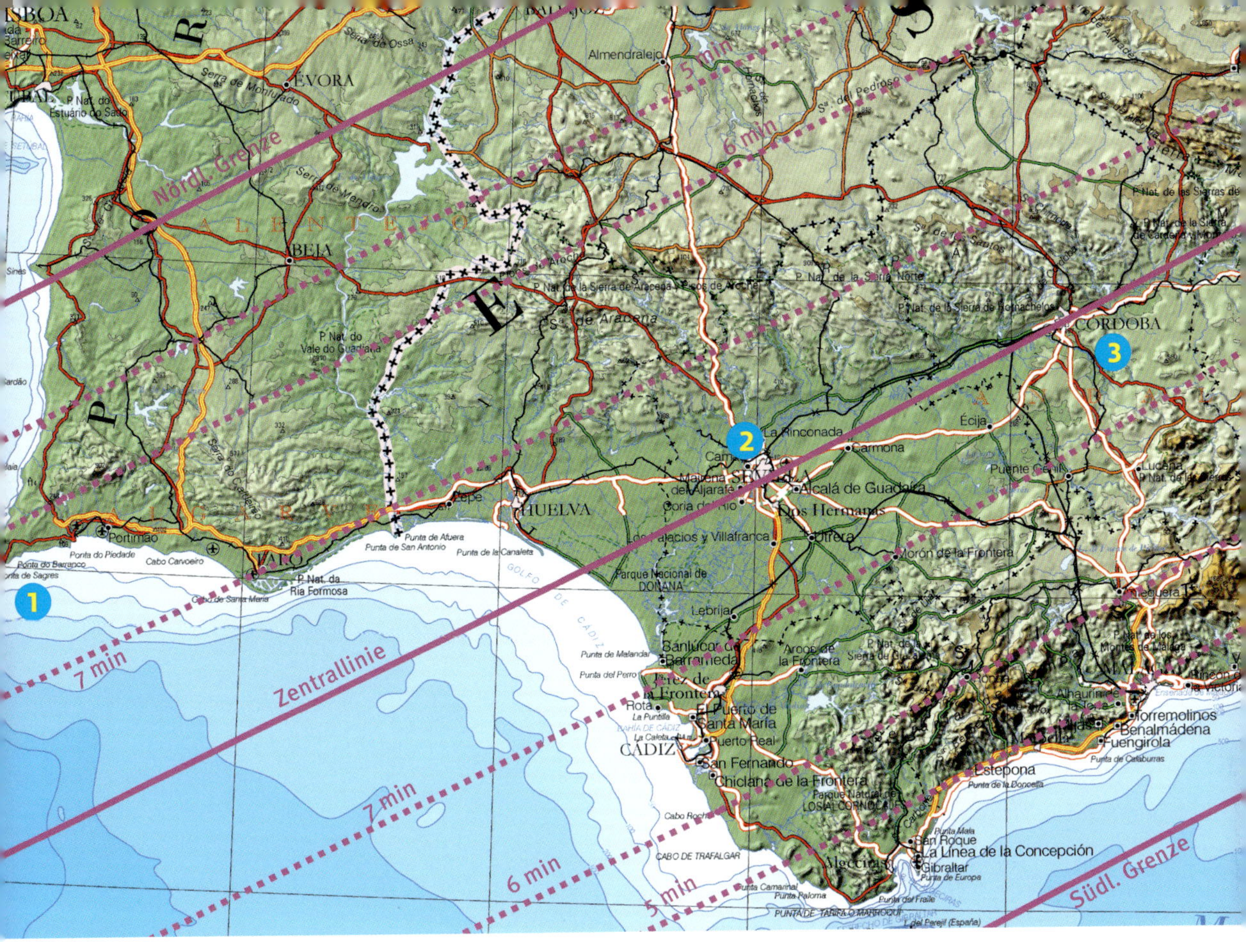

Auf ihrem Weg über den Atlantischen Ozean trifft die Zone nur einmal bewohntes Gebiet: Um 16:46 Uhr UTC (17:46 MEZ) erreicht sie die portugiesische Insel Madeira, wo die ringförmige Phase zwischen 6:02 Minuten und 7:05 Minuten dauert, mit den längeren Zeiten an der der Zentrallinie am nächsten gelegenen Südküste. Auch die kleine Insel Porto Santo darf sich über etwa 6:46 Minuten Ringförmigkeit freuen – nicht jedoch die südlich liegenden Kanarischen Inseln. Am nächsten kommt noch das nordwestliche La Palma mit einer partiellen Finsternis der Größe 89,9%.

Ihre Landberührung an den Küsten Spaniens und Portugals und einem kleinen Zipfel Marokkos macht die ringförmige Finsternis schließlich zwischen 16:52 UTC (17:52 MEZ) und 16:56 UTC. Die Ringförmigkeitszone reicht vom Küstenort Sines, 93 Kilometer südlich von Lissabon, bis Tanger in Nordafrika. Die Zentrallinie trifft die andalusische Atlantikküste südlich der Stadt Huelva und kreuzt im Landesinnern die Städte Sevilla und Córdoba.

Weitere bedeutende Städte in der Zone der Ringförmigkeit sind Faro in Portugal sowie Cádiz, Málaga, Toledo, Alicante, Murcia und Valencia in Spanien. Madrid und Barcelona bleiben, wie schon 2026, knapp außerhalb der interessantesten Zone. An der valencianischen Küste erreicht die ringförmige Finsternis gegen 16:53 UTC (17:53 MEZ) das Mittelmeer: Die Zone der Ringförmigkeit endet im Balearischen Meer; von den Inseln Ibiza und

Am Kap São Vicente in Portugal erreicht der Feuerring den europäischen Kontinent (1).

Formentera sowie von der Westspitze Mallorcas kann man um 17:55 MEZ die Sonne mit dem Mond genau vor ihr untergehen sehen.

Der Finsternisverlauf

In Spanien und Portugal umfasst der 350 Kilometer breite Pfad der Ringförmigkeit den Süden und Osten der Iberischen Halbinsel, von der Meerenge von Gibraltar fast bis Madrid, sowie die Mittelmeerküste von Murcia und Valencia fast bis Barcelona. Auch der Süden Portugals und die westlichen Balearischen Inseln fallen in die Ringförmigkeitszone. Die Ringförmigkeit beginnt an Portugals und Spaniens Atlantikküsten um 16:52 MEZ.

Portugal: Algarve

Wer den Feuerring zur Finsternismitte möglichst hoch am Himmel sehen will, muss nach Portugal: An der portugiesischen Atlantikküste steht die Sonne zur Finsternismitte allerdings auch nicht mehr als 9,5° über dem Westsüdwesthorizont. Immerhin erlaubt dieser tiefe Sonnenstand Sonnenfinsternisfotos mit interessanten Motiven auf der Erde. Warum nicht zum Beispiel ein Bild der ringförmig verfinsterten Sonne direkt neben dem Leuchtturm Faro de São Vicente (1) oder dem Fortaleza de Sagres an Portugals Algarveküste?

Der Nachteil Portugals: Der Feuerring ist nicht perfekt symmetrisch: Die Zentrallinie trifft weiter südlich an Land, genauer bei dem Strand Arenas Gordas etwa 32 Kilometer südlich der spanischen Stadt Huelva und 11 Kilometer nördlich des Küstenorts Matalascañas, am Rand des Naturparks Doñana. Hier, in ei-

Sevilla (2): Die Plaza España, ein Muss für Touristen und Instagramer in Sevilla (oben), die „Giralda“, ein Glockenturm mit maurischem Ursprung (unten links), und der Torre de Oro am Ufer des Guadalquivir.

nem einsamen Landstrich zwischen Sanddünen und niedrigem Buschwerk, erreicht die Ringförmigkeit um 16:56 Uhr ihr Maximum, bei einer Sonnenhöhe von 7,8° und einer Gesamtdauer von 7:17 Minuten, der längsten auf dem europäischen Festland. Man erreicht diesen Ort über die Landstraßen N-442 und A-494.

Spanien: Sevilla

Die Zentrallinie führt nun von der Küste ins flache andalusische Hinterland des Tals des Flusses Guadalquivir. Dort trifft sie nach rund 70 Kilometern auf Sevilla (2). Die Hauptstadt Andalusiens wird ein Hauptziel und Knotenpunkt für Finsternisreisende werden: Durch ihren internationalen Flughafen ist sie an alle wichtigen Städte Spaniens und viele europäische Metropolen angebunden. Die Flughäfen von Córdoba und Jerez de la Frontera liegen ebenfalls gut, bedienen aber nur nationale Strecken oder einige wenige internationale.

Von Sevilla aus erreicht man nach rund 90 Kilometern über die Autobahnen A-49 bzw. A-4 die Städte Huelva bzw. Jerez de la Frontera und die Atlantikküste. In Huelva dauert die ringförmige Phase 7:11 Minuten, in Jerez sind es 6:49 Minuten. Cádiz, weitere 30 Kilometer von Jerez gelegen, kommt auf 6:40 Minuten.

Cádiz und die umgebende Küste wurde bereits im Kapitel zur Finsternis von 2027 beschrieben. Südlich der Stadt, im Ort San Fernando, liegt das Real Instituto y Observatorio de la Armada, die älteste Sternwarte Spaniens. Sehr wahrscheinlich wird es wie 2027 zur Sonnenfinsternis ein besonderes Programm geben.

In Sevilla selbst verläuft die Zentrallinie etwa 2 Kilometer südlich des historischen Stadtzentrums. Die gesamte Stadt erlebt damit einen nahezu perfekten Feuerring. Zur Mitte der insgesamt 7:15 Minuten dauernden ringförmigen Phase steht die Sonne um 17:56 MEZ 7,2° über dem Westsüdwesthorizont (Azimut: 240°). Damit muss man sich genau überlegen, wo man beobachten möchte: Ein freier Blick zum Westsüdwesthorizont ist in der dichtbebauten Stadt nicht leicht zu finden.

Die Replika im Maßstab 1:1 der Ariane-4 stammt noch als dem Jahr 1992.

Mit etwas Mühe findet man aber den perfekten Blick für das ideale Finsternisfoto. Straßen und Alleen in Südwest-Nordost-Richtung kann man zum Beispiel im Parque Amate im Stadtteil Cerro Amate (exakt auf der Zentrallinie) oder auf der berühmten Plaza España, einem der touristischen Highlights der Stadt, finden. Am besten „testet" man seinen Beobachtungsort am Abend vorher zur gleichen Zeit!

Wer für die Sonnenfinsternis nach Sevilla reist, sollte unbedingt ein paar Tage für die Stadt reservieren, die nicht nur alle spanischen und andalusischen Klischees erfüllt, sondern völlig zu Recht zu den meistbesuchten Metropolen Europas zählt. Zu ihren herausragenden Attraktionen zählen (ohne Anspruch auf Vollständigkeit): Die Kathedrale Maria de la Sede, UNESCO-Weltkulturerbe mit ihrem auf ein Minarett zurückgehenden Glockenturm Giralda, der Königspalast Alcázar mit seiner maurischen Architektur, der Torre del Oro am Ufer des Guadalquivir, Teil der ehemaligen Stadtbefestigung, die Brücke Puente de Isabel II oder Puente de Triana oder die imposante Stierkampfarena.

Weltraumenthusiasten sei ein Abstecher auf das Gelände der Weltausstellung von 1992 empfohlen. Es befindet sich auf der Isla de la Cartuja an der rechten Flusseite des Guadalquivir. Dort steht, weithin sichtbar, der Nachbau einer europäischen Trägerrakete Ariane-4 im Maßstab 1:1. Auch wenn es sich nur um eine Replika handelt und der Lack so langsam abblättert, beeindruckt die 64 Meter hohe Rakete mit ihrer charakteristischen Form!

Außerhalb der Stadt ist die Suche nach einem geeigneten Platz für die Beobachtung der Sonnenfinsternis viel einfacher: Die Landschaft um Sevilla ist durch die Ebene des Guadalquivir charakterisiert; sie fällt nach Südwest, Richtung Meer, sanft ab. Berge oder andere Sichthindernisse sind absolute Mangelware, stattdessen erblickt man endlose Olivenbaumplantagen, abgesehen von den sich in letzter Zeit immer mehr darunter mischenden Solaranlagen.

Römische Brücke und Kathedralmoschee in Córdoba (3).

Spanien: Córdoba

Das gleiche gilt auch für die Landschaft zwischen Sevilla und dem weiter nordöstlich gelegenen Córdoba (3), das man nach etwa 130 Kilometern über die Autovía A-4 erreicht. Die Provinzhauptstadt ist ein weiterer empfehlenswerter Anlaufpunkt und liegt wie Sevilla genau auf der Zentrallinie, die in diesem Fall sogar durch das durch seine engen Gassen geprägte historische Zentrum verläuft. Die Phase der Ringförmigkeit dauert hier 7:13 Sekunden; die Sonne steht zur Mitte der Finsternis genau 6,0° hoch.

Córdoba, obwohl beschaulicher als Sevilla, hat in Sachen Architektur und Geschichte keineswegs weniger zu bieten. Kaum irgendwo ist die römische und maurische Vergangenheit Spaniens so offensichtlich wie hier: Die römische Brücke (Puente Romano) über den Guadalquivir stammt aus dem Jahr 45 v. Chr. und war bis Mitte des 20. Jahrhunderts die einzige der Stadt. Sie ist seit zwei Jahrtausenden in Betrieb, welche moderne Brücke wird das einmal von sich behaupten können? Heute eine reine Fußgängerbrücke, hat man auf ihr nicht zuletzt einen guten Blick über den Guadalquivir nach Westen und Südwesten – und damit auf die ringförmige Sonnenfinsternis!

Die Kathedralmoschee von Córdoba, am rechten Ufer des Guadalquivir gleich gegenüber der Puente Romano, ist nicht nur das bedeutendste Monument der Stadt, sondern auch einer der größten Sakralbauten der Welt. Sie umfasst eine Fläche von 23.000 Quadratmetern und enthält maurische wie auch gotische Elemente. Wer etwa anderthalb Stunden vor der offiziellen Öffnungszeit dort ist, entgeht nicht nur den Touristenströmen eines der meistbesuchten Monumente Spaniens, sondern kann auch gratis hinein (Stand 2024). Der Alcázar de los Reyes Cris-

Der Calar Alto im Januar 2021 nach dem Sturmtief Filomena.

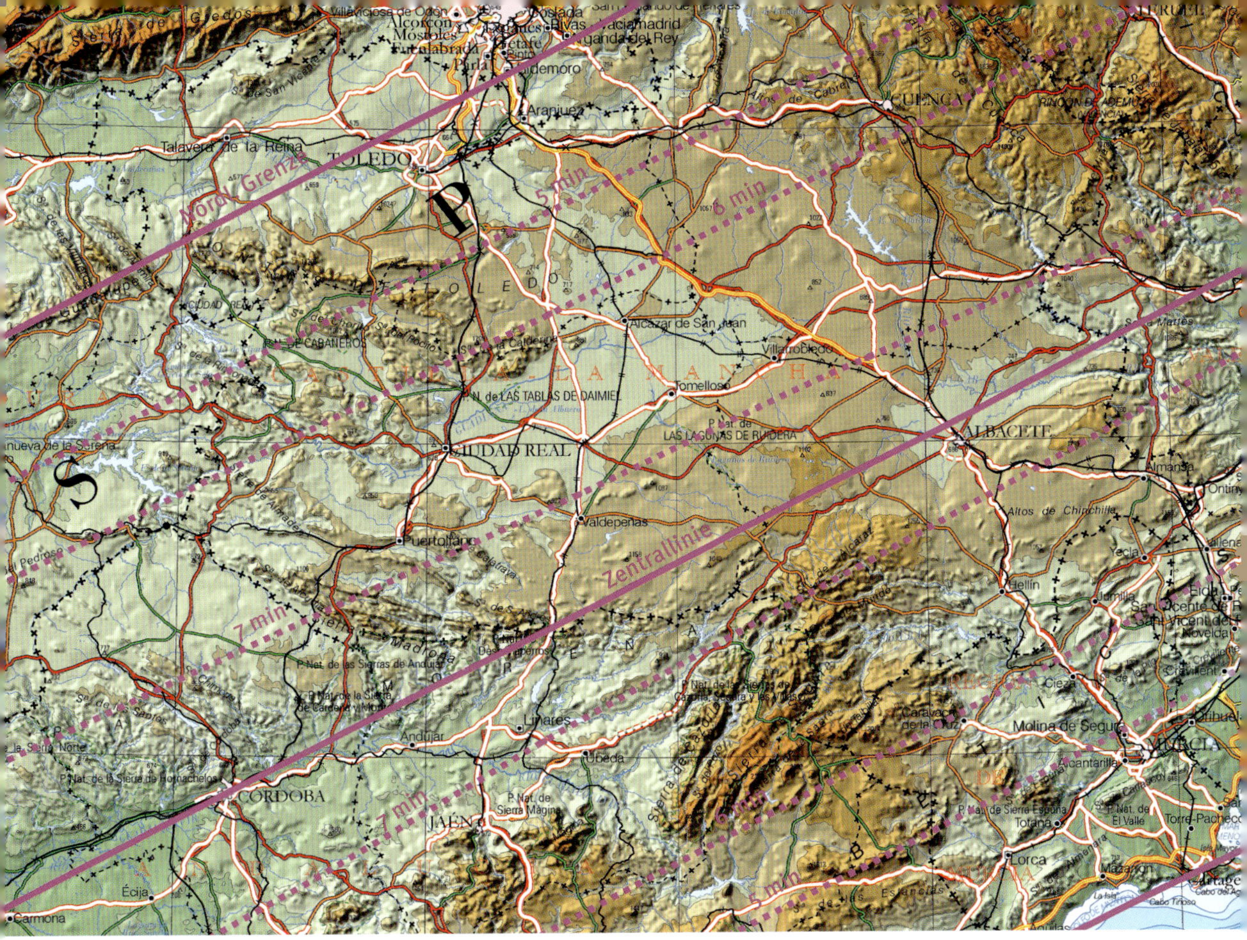

tianos mit seinen ausgedehnten Parkanlagen, die unterirdischen arabischen Bäder oder die schmalen Gassen der Judería, des alten Judenviertels, sind nur drei weitere der zahlreichen Sehenswürdigkeiten der Stadt.

Anders als Sevilla liegt Córdoba direkt am Südhang der Sierra Morena und des Naturparks Sierra de Hornachuelos, die man beide innerhalb weniger Minuten erreicht. Weiter Richtung Nordosten kann man der Zentrallinie weiter bis Bailén folgen und dann weiter nach Osten oder nach Norden bis Ciudad Real und Toledo am Nordrand der Ringförmigkeitszone.

Mit jedem Kilometer Richtung Osten sinkt der Feuerring aber tiefer an den Horizont, weshalb Córdoba der Endpunkt möglicher Finsternisreisen sein sollte – es sei denn eine besondere Wettersituation erfordert ein Weiterfahren. In Bailén jedenfalls steht die Sonne zum Finsternismaximum noch 5,2°, an der Grenze zwischen Andalusien und Kastilien-La Mancha nur noch 4° hoch.

Spanien: Sierra Nevada

Südlich der Zentrallinie erfasst die Zone der Ringförmigkeit die Küstenregionen am Atlantik und Mittelmeer, die im Kapitel 3 bereits besprochen wurden. Richtung Osten bewegt sich die lunare Antumbra über die Sierra Nevada, die höchste Bergkette Kontinentalspaniens, und weitere Gebirge, darunter die Sierra de los Filabres nördlich von Almería, auf deren rund 2100 Meter hohem Gipfel Calar

Alto (4) das gleichnamige Observatorium thront. Die Ringförmigkeit dauert hier 3 Minuten und 28 Sekunden.

Das Observatorium und seine Besuchsmöglichkeiten wurden im Kapitel zur Finsternis 2027 beschrieben. Wer es nicht auf die maximale Länge oder den perfekten Feuerring anlegt, für den kann der Calar Alto eine Alternative sein. Zu berücksichtigen ist, dass das Klima in den Bergen im Januar winterlich sein kann – mit entsprechenden Temperaturen und Eis und Schnee auf den Gipfeln. Unpassierbare und gesperrte Straßen sind zwar ungewöhnlich, aber möglich. Bevor man sich in die Höhe begibt, sollte man sich über die Wetter- und Straßensituationen informieren. Kompensiert werden diese Schwierigkeiten durch Sonnenschein-Wahrscheinlichkeiten von 50 bis 70% auf den Höhen Südandalusiens – den besten im gesamten Finsternispfad. Besuche der Installationen des Observatoriums sind auch im Winter möglich. Sie müssen, am besten frühzeitig, über die Firma Azimuth gebucht werden (vgl. Anhang).

Auf dem Calar Alto steht die Sonne zur Finsternismitte nur noch 4,6° hoch. In Valencia, an der Mittelmeerküste, sind es nur noch 3°.

Spanien: Balearen

An der Westküste Mallorcas geht die durch die atmosphärische Refraktion stark verzerrte Sonne ringförmig unter – eine Wiederholung zur Sonnenfinsternis von 2026.

Die Parallelen zur totalen Finsternis vom

Die Landschaft im Guadalquivir-Tal ist sehr flach und erlaubt gute Sicht nach Südwesten auf die verfinsterte Sonne.

Die Regionen Sevilla und Cádiz/Jerez de la Frontera warten mit der höchsten Dichte der berühmten „Osborne-Stiere“ auf.

12. August 2026 sind unübersehbar: Wieder kann man – zumindest theoretisch – von den Balearen eine Sonnenuntergangsfinsternis verfolgen, wieder ist insbesondere an der Mittelmeerküste ein freier, unverstellter und wolkenfreier Westhorizont (diesmal Südwest und Westsüdwest) essentiell.
Und wieder bleiben Madrid und Barcelona außen vor: Im Stadtzentrum von Madrid erreicht die partielle Finsternis eine maximale Größe von 90% (bei einer Sonnenhöhe von 4,5°). In Barcelona geht die Sonne knapp vor erreichen der ringförmige Phase unter (bzw. realistisch schon vorher). Im gesamten Rest der Iberischen Halbinsel ist die Finsternis partiell zu sehen. Der große Unterschied zu 2026 sind, neben der offensichtlichen Ringförmigkeit statt Totalität, die im Januar weitaus bescheideneren Wetteraussichten!

Topografie entlang des Finsternispfads

Große Teile des Südens Portugals und auch Spaniens, die von der Zone der Ringförmigkeit umfasst werden, zeichnen sich durch flaches Gelände mit wenigen, nur geringe Höhen erreichenden Erhebungen aus. Das gilt insbesondere für die spanische Atlantikküste am Golf von Cádiz. Das Flusstal des Guadalquivir, bzw. das Betische Tiefland, reicht bis zu 600 Kilometer in das andalusische Hinterland und ist ebenfalls durch eine sehr flache Geografie gekennzeichnet.
Von Norden und Süden wird die Tiefebene von zwei Höhenzügen begrenzt, der Sierra Morena im Norden und der Betischen Kordillere im Süden. Die Sierra Morena ist ein Mittelgebirge, dessen höchste Erhebung, der Pico Bañuela, 1323 Meter erreicht. Sie trennt

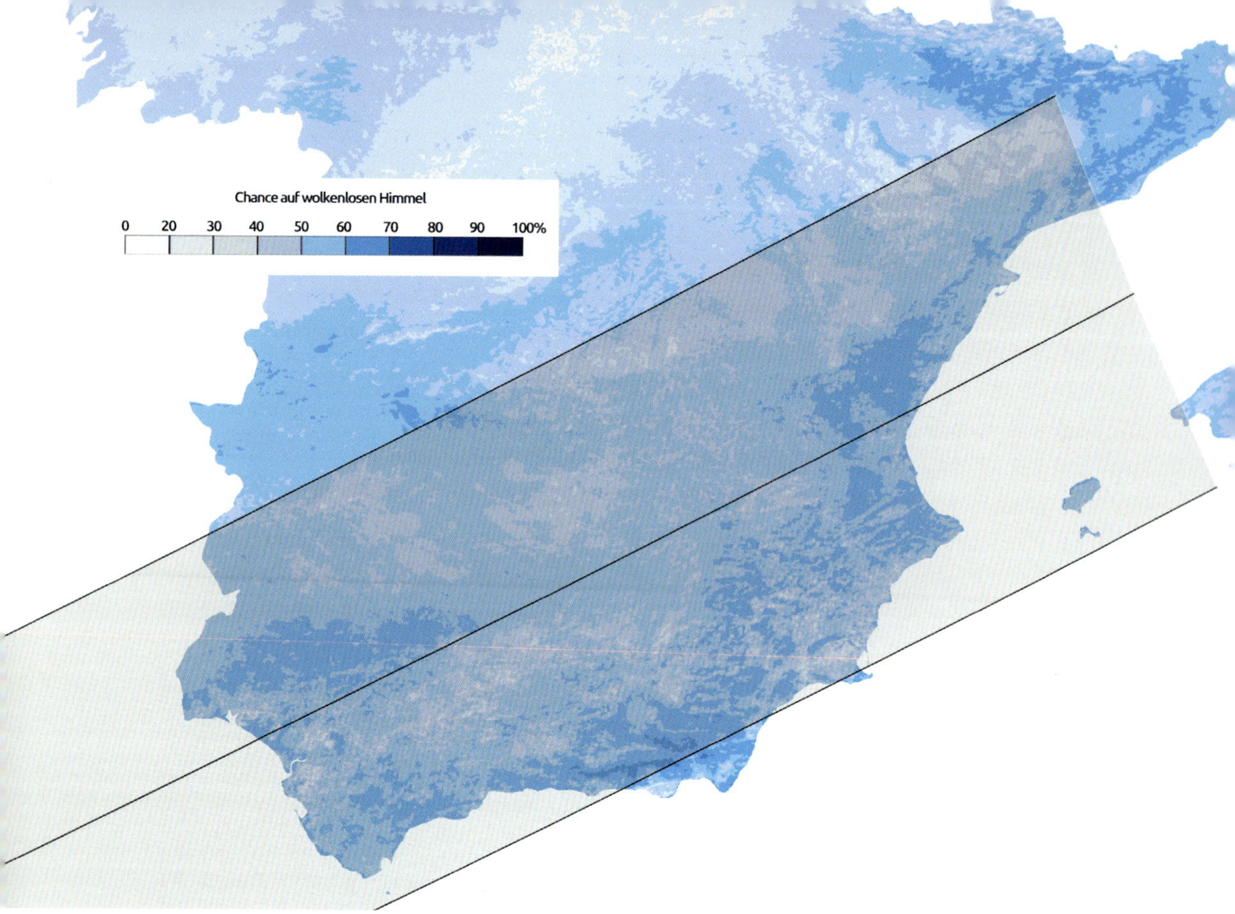

Die Chance auf klaren Himmel liegt im Mittel im Guadalquivir-Tal entlang der Zentrallinie um 50% - ist aber in der Realität eher besser.

das andalusische Tiefland von der rund 500 Meter höher liegenden Südmeseta (Meseta Central Sur), die sich im Norden bis vor Madrid und im Osten bis an die Gebirgszüge des Sistema Ibérico erstreckt.

Die südlich gelegene Betische Kordillere ist weitaus gebirgiger und enthält mit der Sierra Nevada, südöstlich von Granada, die höchsten Gipfel (3000+ Meter) des spanischen Festlands. Sie fällt zur Mittelmeerküste steil ab und windet sich im Osten gegen Norden, wo sie schließlich mit der Meseta Central sowie den südlichen Ausläufern des Sistema Ibérico zusammentrifft. Die Mittelmeerküste zwischen Murcia und Valencia ist ebenfalls durch ein hügelig bis bergiges Hinterland gekennzeichnet, wenn auch nicht so steil wie die Südküste Andalusiens. Größere Tiefflächen findet man um Murcia und Valencia.

Klima und Wolkenwahrscheinlichkeit

Während im Sommer die Topografie einen großen Einfluss auf die Wolkenwahrscheinlichkeit hat, mit geringen Bewölkungsgraden in den Ebenen und höheren in den Gebirgszügen, ist dies im Winter weit weniger ausgeprägt. Für großräumige Wettersysteme, welche die gesamte Iberische Halbinsel umfassen können, stellen die Gebirge keine ernstzunehmenden Hindernisse dar: Hohe Wolken ziehen einfach über sie hinweg.

Die beiden typischsten Winterwettersituationen sind daher oft auf der gesamten Halbinsel zu spüren: Die erste, hervorgerufen durch eine Polarfront, bringt Regen, milde Temperaturen und Wind. Die stärksten Niederschläge treten auf, wenn Böen aus dem Südwesten, also dem Golf von Cádiz kommen. Im alternativen Fall sorgt ein Hochdruckgebiet über Mitteleuropa für klaren Himmel mit tiefen Temperaturen und Frost, vor allem, wenn der Wind aus Norden oder Nordosten kommt. Liegt das Hochdruckgebiet über dem Nordatlantik, ist Schneefall bis in tiefer liegende Gebiete möglich.

Die Karte der Bewölkungswahrscheinlichkeit im Januar, berechnet aus Satellitendaten der Jahre 2001 bis 2017, zeigt nördlich und südlich der Tiefebene von Sevilla und Córdoba, in der Sierra Morena bzw. der Betischen Kordillere, eine Sonnenwahrscheinlichkeit von rund 60%, in den Höhenzügen der Sierra Nevada oder dem Calar Alto sogar noch etwas mehr. Im Tal des Guadalquivir hingegen, und damit entlang der Zentrallinie der Ringförmigkeit, sinkt die Wahrscheinlich auf klaren Himmel auf 50 bis 40%, mit gesprenkelten Flecken von unter 30%. Gleiches gilt östlich an den Nordflanken der Betischen Kordillere und in den Küstengebirgen zwischen Alicante und Valencia.

Diese im Vergleich zum Sommer umgekehrte Wolkenwahrscheinlichkeit (mit schlechteren Werten in der Tiefebene als in der Höhe) hat bei näherer Betrachtung keine echte Bedeutung für die Sichtbarkeit der Sonnenfinsternis: Sie kommt durch im Winter häufigen Morgennebel im Guadalquivir-Tal zustande, der insbesondere dann auftritt, wenn Westwinde feuchte Atlantikluft landeinwärts drücken. Die Gegend um Córdoba kennt zwischen Herbst und Frühjahr 20 bis 50 solcher Nebeltage.

Die gute Nachricht: Der Nebel hält selten über den Mittag. Oft lösen Sonne und Wind ihn schon in den späten Morgenstunden auf. Am Nachmittag ist der Himmel oft wieder blau und sonnig – genau rechtzeitig zum Zeitpunkt der Sonnenfinsternis.

Eine gute Strategie ist also, die Wolkenwahrscheinlichkeitskarte ein Stück weit zu ignorieren und die Beobachtung in der geografisch gut gelegenen Tiefebene von Sevilla und Córdoba zu planen. Satellitendaten zeigen, dass in zwei Dritteln der letzten 20 Jahre am 26. Januar zum Mittag hier keine oder nur vereinzelte Bewölkung den Blick nach oben trübte.

Betrachtet man den Finsternispfad als Ganzes, dann war der Himmel in immerhin vier der letzten 20 Jahre fast komplett wolkenlos. Ganze 11 Mal war die Situation gemischt, mit einigen Gegenden unter Wolken und anderen unter klarem Himmel (letzteres sehr häufig die Mittelmeerküste bei Valencia). In neun Fällen war der Himmel fast durchgehend bewölkt: Das geschieht bei Durchzug einer der oben erwähnten Fronten und stellt damit den Worst-Case dar. Wieder sei bemerkt, dass die Satellitendaten zur Mittagszeit gewonnen wurden, die Finsternis aber zu den späten Nachmittagsstunden stattfindet.

Trotz Winter: Gute Aussichten auf die Finsternis

Wie schon 2026 ist auch die ringförmige Finsternis durch einen tiefen bis sehr tiefen Sonnenstand geprägt. Das macht nicht nur die Wahl eines geeigneten Beobachtungsplatzes mit freier Sicht bis zum Horizont in Richtung Südwest wichtig, es macht auch horizontnahe Wolken bzw. dünne Schleierwolken, deren optische Dichte zum Horizont hin zunimmt, zu einem potentiellen Problem.

Je weiter Richtung Osten, desto kritischer wird dies. Vor allem an der Mittelmeerküste ist die Situation sehr ungünstig: Hier findet der Sonnenuntergang auf der hügeligen Landseite statt, was wertvolle Minuten raubt. Die Gebirge der Betischen Kordillere und des Sistema Ibérico sollte man wegen der schlechteren Wetterchancen ohnehin eher meiden.

Relativ hoher Sonnenstand, flaches Terrain nach (Süd-)westen und eine faire Chance auf klaren Himmel – eigentlich ist klar, welcher Ort für die Beobachtung der ringförmigen Sonnenfinsternis am 26. Januar 2028 zu empfehlen ist: Die andalusische Tiefebene von der Atlantikküste über Sevilla bis Córdoba!

Auch im Süden Portugals und an der andalusischen Mittelmeerküste stehen die Chancen gut. Natürlich sind die Wetterverhältnisse im Januar auch in Portugal und Spanien instabil – eine schnelle Planänderung kann also notwendig sein. Wer sein Glück auf die Probe stellen will, kann versuchen, die ringförmige Sonne von Ibiza, Formentera oder der Westspitze Mallorcas untergehen zu sehen. Ein Blick auf die Satellitenaufnahmen legt nahe, dass dies aber nur in fünf der letzten 24 Jahre erfolgreich gewesen wäre.

Das winterliche Wetter, keine Schulferien, und die Tatsache, dass eine ringförmige Sonnenfinsternis weniger Massen anzieht als eine totale, macht die Suche nach Übernachtungsmöglichkeiten, Mietwagen und die Bewegung entlang der Straßen wesentlich entspannter als bei den beiden Sommerfinsternissen. Die ringförmige Sonnenfinsternis ist der Nachtisch des iberischen 3-Gänge-Menüs. Und damit, ebenso wie die berühmten Postres der spanischen Küche, nichts, was man sich entgehen lassen sollte!

Der Himmel während der Totalität

Knapp 18% der Sonnenfläche bleiben auch während der Finsternismitte sichtbar – damit bleibt der Himmel zu hell, um Sterne sehen zu können. Mit etwas Glück kann man aber versuchen, die $-4^{\mathrm{m}}1$ helle Venus aufzustöbern. Sie steht etwa 40° nordöstlich der Sonne und könnte, gerade an Orten mit ohnehin niedrigem Sonnenstand, unter klarem Himmel mit bloßem Auge sichtbar sein.

Die ringförmige Sonnenfinsternis am 26. Januar 2028 gehört zum Saros-Zyklus 141 und findet damit am aufsteigenden Mondknoten im Sternbild Steinbock statt.

KAPITEL 5

Sonnenfinsternisse beobachten

Während einer Sonnenfinsternis passieren in kurzer Zeit außergewöhnlich viele außergewöhnliche Dinge – ganz besonders in den wenigen Minuten der Totalität. Kein Wunder, dass die Spannung ins Unermessliche steigt.

Das Wichtigste zuerst: Augenschutz!

Schützen Sie Ihre Augen! Wer ohne adäquaten Schutz in die Sonne blickt, riskiert sein Augenlicht! Das gilt umso mehr, wenn Fernglas oder Teleskop zum Einsatz kommen. Benutzen Sie bei der Beobachtung einer Sonnenfinsternis unbedingt einen geeigneten Sonnenfilter, also:

für das bloße Auge: Sonnenfinsternisbrille oder Filterblende aus zertifizierter Folie

für das Fernglas und Teleskop: Zertifizierter Sonnenfilter aus Folie oder Glas.

Nicht geeignet sind:

- Sonnenbrillen, auch „gestapelte“
- Schweißerbrillen oder -gläser
- Rettungsfolie aus dem Verbandskasten
- Okularfilter (im Teleskop)
- Polarisationsfilter
- CDs oder DVDs
- alles, was nicht speziell für die Sonnenbeobachtung gedacht ist!

Der einzige Moment, in dem man auf den Sonnenfilter verzichten kann (und muss!) sind die Minuten der totalen Phase, wenn die Sonne vollständig vom Mond verdeckt wird. Außerhalb der Totalitätsphase darf man zu keinem Zeitpunkt ungeschützt in die Sonne blicken – auch nicht „nur mal kurz“. Egal ob partielle Finsternis, ringförmige Finsternis oder partielle Phase einer totalen Finsternis, stets gehören die richtigen Filter vor Augen bzw. Teleskop.

Nur zertifizierte Sonnenfinsternisbrillen und Filter erlauben den sicheren Blick in die teilverfinsterte Sonne.

Welche Filter gibt es?

Für die visuelle Sonnenbeobachtung gibt es spezielle Neutralfilter der Dichte 5–6. Sie schwächen das Sonnenlicht um den Faktor 100.000 oder 1.000.000 und erlauben die gefahrlose Betrachtung der Sonne auch über lange Zeiträume, weil sie nicht nur das sichtbare Licht dämpfen, sondern auch das gefährliche, aber unsichtbare IR- und UV-Licht blockieren. Glasfilter liefern eine bessere Bildqualität, aber auch Folienfilter sind, richtig verwendet, absolut sicher. Folienfilter werden auch für Sonnenfinsternisbrillen für die Beobachtung mit bloßem Auge verwendet.

Das Angebot an Finsternisbrillen und Filtern ist unüberschaubar. Mit den folgenden Tipps kann man nichts falsch machen:

- Kaufen Sie Filter, egal ob aus Glas oder Folie, und auch Sonnenfinsternisbrillen nur über den Astronomiefachhandel.
- Achten Sie bei Sonnenfinsternisbrillen auf das ISO-Zertifikat 12312-2: Es garantiert, dass die Brille allen modernen Sicherheitsnormen genügt und bedenkenlos verwendet werden kann. Mit einer ISO-zertifizierten Brille können Sie so lange in die Sonne schauen, wie Sie wollen. Sofern die Brillenfolie nicht

Sicherheits-Checkliste

Die folgenden Tipps sorgen dafür, dass Ihre nächste Sonnenfinsternis nicht auch die letzte ist, die Sie sehen!

- Überprüfen Sie Filter und Finsternisbrillen vor der Benutzung auf Beschädigungen und nutzen Sie sie nur, wenn sie in einwandfreiem Zustand sind.
- Setzten Sie den Filter vors Teleskop, bzw. setzten Sie die Brille auf, bevor Sie in die Sonne schauen. Drehen Sie nach der Beobachtung Teleskop bzw. Kopf aus der Sonne, bevor Sie den Filter herunternehmen oder die Brille absetzen.
- Wenn Sie Brillenträger sind, setzen Sie die Sonnenfinsternisbrille vor Ihre optische Brille, nicht dahinter. Alternativ halten Sie einen Filter vor die Brille bzw. das Gesicht.
- Schauen Sie niemals durch ein ungefiltertes Fernglas, Teleskop oder eine Kamera in die Sonne.
- Benutzen Sie niemals ein fremdes Fernglas oder Teleskop ohne Wissen des Besitzers.
- Wenn Sie selbst ein Fernglas oder Teleskop einsetzen: Achten Sie darauf, dass Objektivfilter an Ferngläsern und Teleskopen sicher sitzen und sich nicht durch Wind oder Bewegungen lösen können.
- Sichern Sie auch das Sucherfernrohr mit einem Filter, oder besser, montieren Sie es ab und richten Sie das Teleskop an seinem Schatten aus.
- Lassen Sie Ihr Fernglas oder Teleskop niemals unbeaufsichtigt – vor allem, wenn Kinder in der Nähe sind.

beschädigt ist, also keine Löcher oder Risse aufweist, können Sie die Brille auch aufbewahren und jahrelang weiterverwenden.

- Unter den zertifizierten Finsternisbrillen gibt es verschiedene Varianten. Weit verbreitet sind metallbeschichtete Folien, die ein weißes bis leicht bläuliches Sonnenbild erzeugen. Andere, schwarze Filterfolien liefern ein von manchen Beobachtern als angenehmer empfundenes, reflexionsfreies gelb-orangenes Sonnenbild.

Filter für Teleskope können sowohl für bestimmte Objektivgrößen vorgefasst gekauft werden oder als zuschneidbare Bögen. Letztere bieten die kostengünstigste Möglichkeit, passende Filter für das eigenen Teleskop selbst zu basteln.

Alternative zum Filter: Projektionsmethode

Die Projektionsmethode ist eine weitere Möglichkeit, das Sonnenbild zu betrachten. Hierbei verwendet man das Teleskop mit Okular, aber ohne Sonnenfilter, oder mit einer Lochblende und projiziert das Bild auf ein Blatt Papier. Der Vorteil: Man betrachtet das Projektionsbild völlig gefahrlos für die eigenen Augen und kann das auch mit mehreren Personen gleichzeitig tun.

Ganz unproblematisch ist aber auch die Projektionsmethode nicht: Im Teleskop können sehr hohe Temperaturen entstehen, insbesondere nahe des Brennpunkts. Man sollte daher nur billige, unverkittete Okulare (z.B. Typ Huygens) einsetzen.

Auch darf keine Möglichkeit bestehen, dass jemand (v. a. Kinder) unbemerkt in den ungefilterten Strahlengang des Teleskops blicken kann. Der Projektionsschirm muss also fest mit dem Teleskop verbunden sein. Schließlich kann man mit dieser Methode zwar gut die partielle Phase der Finsternis beobachten, nicht aber die Totalität mit all ihren interessanten Phänomenen. Die Projektionsmethode ist also nur etwas für diejenigen, die sich mit der Handhabung bereits gut auskennen. Von Experimenten am Finsternistag raten wir dringend ab!

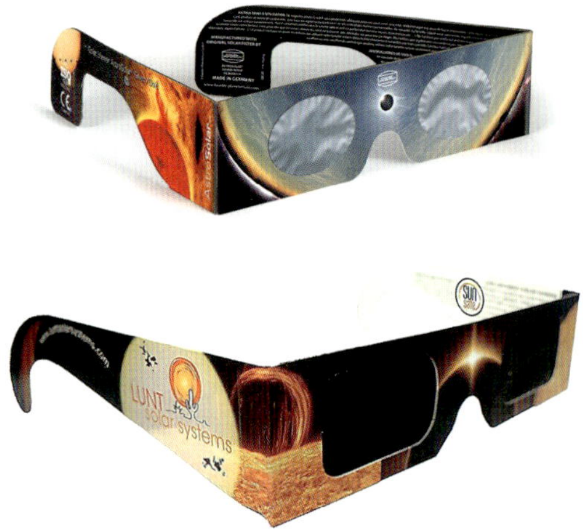

Sonnenfinsternisbrillen gibt es von vielen Herstellern. Manche verwenden eine silbrige, metallisierte Folie, die ein weißes, manchmal auch leicht bläuliches Sonnenbild erzeugt. Andere benutzen eine schwarze Kunststofffolie, deren Sonnenbild eher gelb-orange wirkt.

Nur 2027 lässt sich die Finsternis in ihrer vollen Länge (wie hier in den USA 2017) beobachten und dokumentieren – 2026 geht die Sonne während der zweiten partiellen Phase unter!

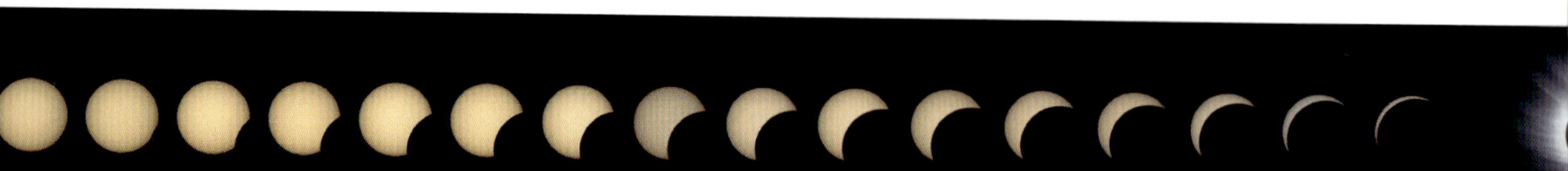

Totale Sonnenfinsternisse beobachten

Eine totalen Sonnenfinsternis gliedert sich in drei Abschnitte: die erste, zunehmende partielle Verfinsterung, die Totalität und die abnehmende partielle Phase. Die partiellen Phasen dauern im Vergleich mit der Totalität sehr lange. Etwa eine Stunde vor der Totalität beginnt sich der Mond allmählich vor die Sonnenscheibe zu schieben, nach der wenige Minuten andauernden Totalität dauert es eine weitere Stunde, bis der Mond die Sonnenscheibe wieder vollständig freigegeben hat.

Eine ringförmige Sonnenfinsternis läuft ähnlich ab, hier findet zwischen den partiellen Phasen die ringförmige Phase statt. Bei einer rein partiellen Sonnenfinsternis entfällt die totale bzw. ringförmige Phase.

Beginn und Ende der partiellen Phasen, der Totalität bzw. der ringförmigen Phasen werden durch die Kontaktzeiten angegeben. Sie sind für jeden Ort spezifisch.

1. Kontakt – das Schauspiel beginnt

Der Moment des ersten Kontakts ist unsichtbar, denn solange der Mond neben der Sonne steht, kann man ihn nicht sehen. Es dauert eine oder zwei Minuten, bis der Beginn der Sonnenfinsternis (bzw. der ersten partiellen Phase) erkennbar wird: Ein kleines Stück der Sonnenscheibe scheint „abgebissen".

Kurz nach dem 1. Kontakt wird der Mond sichtbar, hier unten rechts zu sehen.

Der erste Kontakt findet am westlichen Sonnenrand statt – und zwar entweder am nordwestlichen (wenn der Mond im absteigenden Knoten steht, die Ekliptik also von Nord nach Süd passiert) oder am südwestlichen (bei aufsteigendem Mondknoten). Anders ausgedrückt: Auf der nördlichen Hemisphäre bewegt sich der Mond stets grob „von rechts nach links" über die Sonne! Am 12. August 2026 trifft er für einen Beobachter in Spanien etwa bei „vier Uhr" auf die Sonnenscheibe, am 2. August 2027 bei „ein Uhr", und am 26. Januar 2028 bei „fünf Uhr".

Mit dem bloßen Auge erscheint der „angebissene" Sonnenrand wenige Minuten an der Seite der Sonne, die dem westlichen Horizont zugeneigt ist.

Mit Fernglas und Teleskop (geschützt durch einen Sonnenfilter) fällt der Mond früher auf. Ist die Luft unruhig, dauert es ein- oder zwei Minuten, bis man sich sicher ist. Mit dem Teleskop verwendet man am besten niedri-

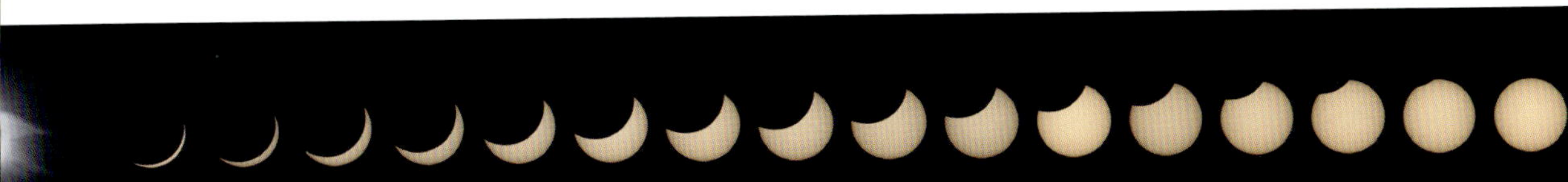

Die partielle Phase dauert rund eine Stunde.

ge bis mittlere, bei ruhiger Luft auch höhere Vergrößerungen. Dabei ist es wichtig, sich die Himmelsrichtungen einzuprägen – die können im Teleskop je nach verwendeter Ausrüstung verkippt und gespiegelt sein. Am besten lässt man die Sonne bei ausgeschalteter Nachführung durch das Gesichtsfeld driften: Die Richtung, in die die Sonne driftet, ist Westen.

Nach dem 1. Kontakt – die partielle Phase

Die zunehmende partielle Phase dauert etwa eine Stunde: Genug Zeit, die Sonne eingehend zu betrachten, aber auch Veränderungen in der Umgebung wahrzunehmen. Nutzen Sie diese Phase auch, um andere Beobachter an die Benutzung des Teleskops, vor allem die korrekte Fokussierung, zu gewöhnen. Achten Sie darauf, dass alle Sonnenfilter sicher sitzen und nicht verrutschen können!

Mit dem bloßen Auge lässt sich der Fortschritt der Finsternis mit der Finsternisbrille verfolgen. Achten Sie auch auf das Licht- und Schattenspiel unter in der Nähe stehenden Bäumen: Besonders auf einer ebenen, hellen Fläche zeigen sich unter Bäumen Sichelbilder. Die Zwischenräume zwischen den Blättern wirken als Lochblenden, die das Sonnenbild auf den Boden projizieren. Mit einem Nudelsieb und einem Blatt Papier lässt sich dieser Effekt noch besser erkennen. Die projizierten Sonnenbilder bieten auch eine gefahrlose Möglichkeit, die partielle Phase zu betrachten und zu fotografieren.

Mit Fernglas und Teleskop sieht man auf der Sonne noch mehr: Sonnenflecken erscheinen im Vergleich zur Mondsilhouette grau und nicht schwarz. Im Teleskop kann man die dunklere Umbra von der helleren Penumbra der Flecken besser unterscheiden. Sehr interessant zeigt sich im Teleskop, besonders bei hoher Vergrößerung, der Mondrand: Er erscheint nicht glatt wie der Sonnenrand, sondern wegen der Berge und Täler auf der Mondoberfläche unregelmäßig und „rau". Die Mondberge sind bis zu 5000 Meter hoch, manche Täler über 1000 Meter tief.

15 Minuten vor dem 2. Kontakt

In der letzten Viertelstunde vor der Totalität ändert sich das Licht, zuerst fast unmerklich, dann immer drastischer: Achten Sie auf den Himmel und eventuell vorhandene Wolken, aber auch auf die Landschaft: Bemerken Sie, wie sich die Farben ändern? Verändert sich das Verhalten von Tieren in Ihrer Umgebung? Viele Vögel bereiten sich auf die Nacht vor: Sie beenden ihren Gesang, als ob sich die

Während der Mond sich vor die Sonne schiebt ändert sich das Umgebungslicht drastisch – am besten zeigt das eine Serie von Fotos, die mit gleichen Kameraeinstellungen aufgenommen wurden.

Dämmerung nähert.

In den Minuten vor dem 2. Kontakt steigt die Aufregung in Ihnen und Ihren Mitbeobachtern dramatisch. Bleiben Sie entspannt und genießen Sie den Moment! Ändern Sie nun nichts mehr an ihrem Teleskop oder anderer Ausrüstung – Ihre Aufmerksamkeit sollte alleine dem Himmel und der Landschaft um Sie herum gelten!

Halten Sie zum Beispiel ein weißes Bettlaken o. ä. auf dem Boden bereit oder betrachten Sie eine ebene helle Bodenfläche. Sehen Sie streifenförmige Schatten, die über das Laken huschen? Diese Fliegenden Schatten sind ein Effekt der Erdatmosphäre: Warme Luftzellen brechen das nun von einer schmalen Sichel ausgesendete Sonnenlicht, so wie sie auch das Licht der Sterne nachts zum Funkeln bringen.

Probieren Sie auch einmal folgenden Trick: Verdecken Sie die Sonne etwa durch einen großen Gegenstand, der einen hart begrenzten Schatten wirft, etwa eine Hauswand oder ähnliches. Betrachten Sie aus dem Schatten heraus die unmittelbare Umgebung der Sonne ohne Finsternisbrille: Unter sehr klarem Himmel haben Beobachter schon rund 10 Minuten vor Beginn der Totalität einen ersten Blick auf die Sonnenkorona erhaschen können! Gelingt es Ihnen auch?

1 Minute vor dem 2. Kontakt

Noch ist der Himmel nicht dunkel, doch seine Farbe ändert sich nun dramatisch zu einem dunklen Blau. Möglicherweise können Sie bereits helle Planeten wie die Venus erkennen. Die Temperatur sinkt spürbar, vielleicht kommt auch ein plötzlicher „Finsterniswind“ auf – oder der Wind flaut ab oder ändert seine Richtung.

Blicken Sie nun in westliche Richtung des

Das Perlschnurphänomen ensteht durch Sonnenlicht, das durch Täler am Mondrand fällt.

Finsternispfads. Der Horizont dort erscheint pechschwarz wie bei der Ankunft eines Gewitters – nur ohne Wolken. Das ist der Kernschatten, der mit mehrfacher Schallgeschwindigkeit auf Sie zurast!

Sekunden vor dem 2. Kontakt

In den letzten Sekunden vor dem 2. Kontakt überschlagen sich die Ereignisse. Lassen Sie sich in diesen Momenten nicht ablenken, weder durch Ihre Ausrüstung noch durch Mitbeobachter. Genießen Sie diese außergewöhnlichen Augenblicke für sich allein!

Mit Fernglas und Teleskop (nehmen Sie den Sonnenfilter noch nicht ab!) sehen Sie die extrem schmale Sonnensichel innerhalb von Sekunden zusammenschrumpfen, bis nur noch einige Sonnenstrahlen durch die letzten Mondtäler fallen. Sie wirken wie die Perlen auf einer Kette. Das Perschnurphänomen (engl. Bailey's Beads) erscheint je nach Mondrandprofil ca. 10 Sekunden vor dem 2. Kontakt, dann „verschmelzen" die Perlen eine nach der anderen, bis nur noch eine einzige übrig bleibt.

Mit dem bloßen Auge ist jetzt ist der Moment gekommen, die Finsternisbrille abzunehmen: Für einen kurzen Moment, eine Sekunde vielleicht, strahlt noch der letzte Sonnenstrahl durch ein Mondtal – es erscheint wie das Funkeln eines Diamanten. Gleichzeitig geht die Helligkeit des Himmels dramatisch zurück und die nun fast vollständig verdeckte Sonne mitsamt der Korona erscheint als heller Ring um den pechschwarzen Mond: Der Diamantringeffekt läutet den Höhepunkt der Finsternis ein: die Totalität!

2. Kontakt und Totalität

Mit dem Verschwinden des Diamantrings, dem letzten Sonnenstrahl, beginnt die totale Phase der Sonnenfinsternis. Sie stehen nun

Totalität! Der Mond steht genau vor der Sonnenscheibe. Die total verfinsterte Sonne mit Korona 2017.

im Kernschatten des Mondes!

Mit dem bloßen Auge sollten Sie spätestens jetzt die Finsternisbrille abgenommen haben! Während sich ihre Pupillen öffnen und Ihre Augen sich an das schwache Licht gewöhnen, erscheint ein geheimnisvoll schimmernder Strahlenkranz um die dunkle Sonne: die Sonnenkorona! Geisterhafte weiße Filamente aus Licht reichen von der Sonne in alle Richtungen, überlappen sich teilweise, wirken verdreht.

Mit dem Teleskop können Sie nun auch endlich ohne Filter beobachten. Achten Sie auf den inneren Teil der Korona, und zwar auf den Teil des Rings, wo zuvor noch der Diamant zu sehen war: Sehen sie dort helle, rötliche Punkte, Strahlen oder Bögen? Das sind Sonnenprotuberanzen, gigantische Ausbrüche aus heißem Wasserstoffgas, die von starken Magnetfeldern über die Sonnenchromosphäre gehoben werden. Man kann sie auch ohne Sonnenfinsternis mit speziellen Sonnenteleskopen sehen, doch nun erscheint ihr Licht in einem sehr eigenartigen Rot, das von vielen Beobachtern als lachsfarben oder rosa beschrieben wird.

Sobald sich der Mond ein wenig weiterbewegt, verschwinden auch sie hinter seinem Rand. Fahren Sie, am besten mit geringer Vergrößerung, den gesamten Mondrand ab: Mit etwas Glück sehen sie eine besonders große Protuberanz über die gesamte Finsternis.

Wenn Sie mit dem Teleskop beobachten, versuchen Sie, sich nicht zu hetzen – doch behalten Sie die Zeit im Auge! Verschwenden Sie keine Zeit mit Okularwechsel, besonders dann, wenn Sie das Teleskop mit anderen Beobachtern teilen. Wer durch das Fernrohr schaut, muss wissen, wie er es bedient – für Instruktionen ist nun keine Zeit! Verwenden Sie eine schwache oder mittlere Vergrößerung und eine hohe nur dann, wenn Sie genug Zeit

Die Totalität endet: Das erste Sonnenlicht lugt hinter dem Mond hervor.

haben. Gut eignet sich ein Zoomokular, mit dem Sie die Vergrößerung schnell ändern können, ohne das Okular wechseln zu müssen. Versuchen Sie, die Teleskopbeobachtung auf maximal die Hälfte der Totalitätsdauer zu begrenzen.

Mitte der Finsternis

Die Mitte der Finsternis ist, je nach Beobachtungsort, 2026 bereits nach weniger als einer und 2027 nach etwas über zwei Minuten erreicht.

Mit dem Fernglas und Teleskop schauen Sie, ebenfalls ohne Filter, auf die Korona. Während die innere Korona noch etwa so hell ist wie der Vollmond, leuchtet die äußere Korona etwa 100 Mal schwächer. Achten Sie auf Filamente, Schleifen und Strahlen: Filamente gehen von den beiden Magnetpolen der Sonne aus. Die Form der Korona ändert sich im Laufe des 11-jährigen Aktivitätszyklus der Sonne. Bei einem Aktivitätsminimum beobachtet man die so genannte Minimumskorona, die sich vorwiegend entlang des Sonnenäquators ausdehnt, während die beim Aktivitätsmaximum auftretende Maximumskorona die Sonne als gleichmäßigen Kranz umgibt, aus dem sich Strahlen nach außen erstrecken. Die beiden totalen Finsternisse 2026 und 2027 sollten in die abfallende Flanke des Sonnenzyklus Nummer 25 fallen – welche Form der Korona sehen Sie?

Achten Sie auch auf die dunkle Mondscheibe: Sie ist nicht völlig schwarz, sondern leuchtet im Erdschein. Können Sie Mondmeere und Strahlenkratersysteme erkennen? Fahren Sie den Mondrand noch einmal nach großen Protuberanzen ab.

Mit dem bloßen Auge lösen Sie nun Ihren Blick von der verdeckten Sonne: Der Himmel wirkt wie nach Sonnenuntergang, doch irgendwie auch nicht! Suchen Sie nach hellen Planeten und Sternen. Einen solchen ungehinderten Blick auf das innere Planetensystem bekommen Sie so schnell nicht wieder. Haben Sie ganz viel Glück, steht sogar ein heller Komet in Sonnennähe.

Lassen Sie Ihren Blick nun 360° in alle Richtungen schweifen. Achten Sie dabei auf den Horizont: Ähnlich wie in der Abenddämmerung wirkt er hell und orange-rot, aber rundherum. Der Mondschatten ist eben nicht sehr groß! Blicken Sie nun noch einmal Richtung Westen, dorthin, wo Sie zuvor den Mondschatten heranrasen gesehen haben: Wirkt der Horizont dort schon wieder heller? Die Zeit rast – die Totalität nähert sich schon ihrem Ende!

Ende der Totalität und 3. Kontakt

Mit Fernglas oder Teleskop achten Sie nun wieder auf die innere Korona. Während der Mond weiterzieht, gibt er wieder die Chromosphäre frei, dieses Mal am gegenüberliegenden Sonnenrand. Dort sind nun andere Protuberanzen zu sehen. Verwenden Sie am besten ein Fernglas. Wenn Sie ein Teleskop haben, schauen Sie nun hindurch bis der erste Sonnenstrahl erscheint und Sie sich unwillkürlich abwenden müssen. Diese sind oft die besten Sekunden, weil nun die Chromosphäre besonders dick erscheint und man z. B. röhrenartige, eruptive Spikulen auf der Chromosphäre erkennen kann. Bei leichter oder stärkerer Bewölkung kann man sogar den Diamantring oder den Perlschnureffekt im Teleskop sehen – ohne Filter!

Der 3. Kontakt kommt plötzlich – mit einem geradezu schmerzhaft hellen zweiten Dia-

Vermeiden Sie diese Fehler!

Einer der häufigsten Fehler, den Finsternisenthusiasten begehen, ist zu viel Aktivität in die kurze Zeitspanne der Totalität zu packen. Im August 2026 dauert die Zeit im Kernschatten in Spanien nicht mehr als 1 Minute 40 Sekunden, und auch die maximal viereinhalb Minuten 2027 gehen schneller vorbei als man glaubt. Besonders, wer mit einem Teleskop beobachtet, sollte folgende Tipps zu Herzen nehmen:

- Verwenden Sie nur ein Teleskop und andere Ausrüstung, die Sie kennen. Machen Sie sich rechtzeitig mit neu gekaufter Ausrüstung vertraut, unter realistischen Bedingungen.
- Verwenden Sie Ausrüstung, die möglichst einfach zu benutzen ist.
- Wenn Sie Ihr Teleskop mit anderen teilen, sprechen Sie vorher ab, wann Sie den Wechsel vornehmen. Alle Beobachter müssen mit dem Teleskop umgehen können. Für Einweisungen bleibt während der Totalität keine Zeit.
- Wenn möglich, verwenden Sie eine motorgesteuerte Nachführung. Richten Sie diese rechtzeitig ein und vergewissern Sie sich vor der Finsternis, dass sie korrekt läuft und die Batterien geladen sind.
- Nutzen Sie, wenn vorhanden, ein Zoomokular und vermeiden Sie Okularwechsel.
- Nutzen Sie nur zertifizierte, unbeschädigte Objektivfilter.
- Nutzen Sie keine Okularfilter!
- Achten Sie darauf, dass der Filter sicher sitzt und nicht vom Wind fortgeblasen werden kann – sich aber gleichzeitig in Sekundenschnelle vom Objektiv lösen und wieder aufsetzen lässt, ohne dabei das Teleskop zu verstellen. Das sollte nicht länger als eine Sekunde dauern.
- Sollte kurz vor der Totalität irgend ein technisches Problem auftreten: Verschließen Sie das Teleskop und schauen Sie ohne. Konzentrieren Sie sich auf das Ereignis, nicht auf Ihre Ausrüstung!

mantring. Bedenken Sie, dass Ihre Pupillen geöffnet haben und Ihre Augen entsprechend empfindlich auf die Rückkehr des Sonnenlichts reagieren. Sobald der erste Sonnenstrahl sichtbar wird, legen Sie deshalb auch Ihr Fernglas weg. Nutzen Sie die wertvolle Zeit, um das Wiederkehren der Sonne mit bloßem Auge zu genießen.

Innerhalb von Sekunden verblasst die Korona und der Himmel wird wieder hell, während der Mondschatten weiter rast.

Mit dem bloßen Auge setzen Sie die Finsternisbrille wieder auf. Die Totalität ist vorbei – genießen Sie aber unbedingt noch den zweiten Perlschnureffekt in umgekehrter Abfolge! Je nach Mondrandprofil (das anders ist als beim 2. Kontakt) erscheinen die Perlen entweder urplötzlich oder eher langsam.

Zweite partielle Phase bis zum 4. Kontakt

Mit der Rückkehr des Sonnenlichts fallen Aufregung und Anspannung von Ihnen und Ihren Mitbeobachtern ab und machen Platz für die Nach-Finsternis-Euphorie: Das große Ereignis ist vorbei. Wer die Finsternis am 12. August 2026 von Südspanien oder den Balearen beobachtet, bekommt nun als Zugabe einen Sonnenuntergang der partiell verfinsterten Sonne zu sehen. 2027 können Sie dagegen alle Phänomene der ersten partiellen Phase erneut verfolgen, während die Sonne sich der Mittagsstellung nähert – doch für die Meisten dürfte nun der Moment zum Feiern genutzt werden!

Achten Sie aber bei aller Euphorie darauf, dass alle Ferngläser und Teleskope nun entweder wieder mit Filtern versehen oder verschlossen und weggepackt sind, damit niemand auf die Idee kommt, die Freude durch eine Tragödie in letzter Minute zu verderben!

Ringförmige Finsternisse beobachten

Auch die ringförmige Sonnenfinsternis am 26. Januar 2028 beginnt mit dem 1. Kontakt, ganz so, wie oben bei der totalen Finsternis beschrieben. Es beginnt die etwa eine Stunde dauernde zunehmende partielle Phase, während der man alle im vorherigen Abschnitt beschriebenen Phänomene beobachten kann. Doch je länger die partielle Phase andauert, desto offensichtlicher wird, dass der Mond zu klein ist, um die Sonne zu verdecken.

Wenige Minuten vor dem zweiten Kontakt verformt sich die Sonne von einer schmalen Sichel zu einem Ring. Die Hörnerspitzen der Sichel werden immer länger und schmaler, bis sie sich schließlich hinter dem Mond wie-

Der Verlauf einer ringförmigen ähnelt der einer totalen Finsternis – nur dass der Mond die Sonne nie vollständig bedeckt!

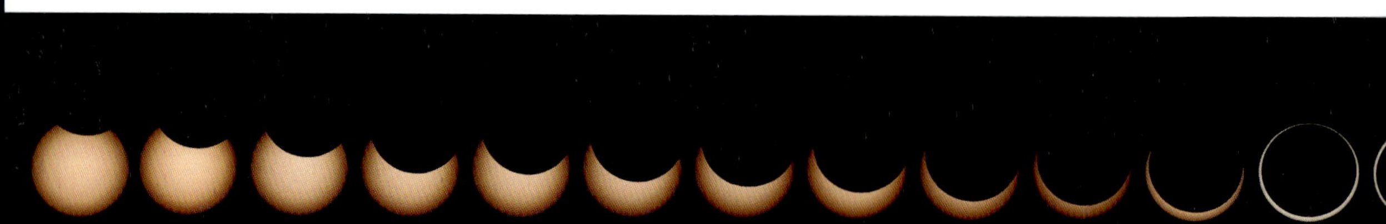

Weitere Tipps für eine erfolgreiche Beobachtung

- Entscheiden Sie sich rechtzeitig für Ihren Beobachtungsort. Nehmen Sie ihn nicht zu spät ein, 2026 und 2028 spätestens am Vormittag des Finsternistages, 2027 am Abend vorher.
- Wenn das Wetter nicht mitzuspielen droht: Behalten Sie die Ruhe. Wechseln Sie den Beobachtungsplatz nur, wenn ein solcher Wechsel eine Verbesserung ihrer Wetterchancen verspricht. Überlegen Sie sich geeignete Alternativen und „Fluchtwege“ bereits im Vorfeld, nicht im letzten Moment! Rechnen Sie damit, dass auch andere diese Wege kennen und benutzen.
- Wenn es keine Alternativen gibt: Bleiben Sie vor Ort und hoffen Sie auf das Beste!
- Kalkulieren Sie ein Scheitern mit ein. Sie beobachten ein Naturphänomen, und die Natur hat ihre eigenen Regeln. Es ist, trotz aller Vorbereitung, möglich, dass Sie einfach Pech haben und die Totalität unter einer Wolke erleben – machen Sie sich nichts daraus und planen Sie für die nächste Finsternis!

der vereinigen: Dies ist der 2. Kontakt, die Ringphase beginnt.

Egal ob mit bloßem Auge oder mit Fernglas oder Teleskop, zu keinem Zeitpunkt dürfen Sie die Sonne während der ringförmigen Finsternis ohne Finsternisbrille bzw. Sonnenfilter betrachten!

Achten Sie beim 2. Kontakt mit einem Fernglas oder Teleskop auf den Punkt, an dem sich die Hörner schließen: Wieder zeigt sich das schon bei der totalen Finsternis beschriebene Perlschnurphänomen. Es entsteht, wenn Sonnenlicht durch die Täler des Mondrands fällt.

Die Mitte der Finsternis ist erreicht, wenn der Mond genau vor der Mitte der Sonnenscheibe steht. Für einen kurzen Moment sehen Sie den Feuerring in perfekter Symmetrie – allerdings nur, wenn Sie sich genau auf der Zentrallinie befinden. Mit jedem Kilometer Richtung nördlichem oder südlichem Rand des Finsternispfads wirkt der Feuerring stärker „deformiert“.

Die Ringphase endet mit dem 3. Kontakt, wenn die vorangehende Mondseite den Sonnenrand berührt. Wieder erscheint das Perlschnurphänomen und innerhalb von Sekunden löst sich der Ring in eine extrem schmale, lang gestreckte Sichel auf. Die zweite partielle Phase beginnt. Sie endet mit dem 4. Kontakt, wenn sich der Mond endgültig von der Sonnenscheibe löst.

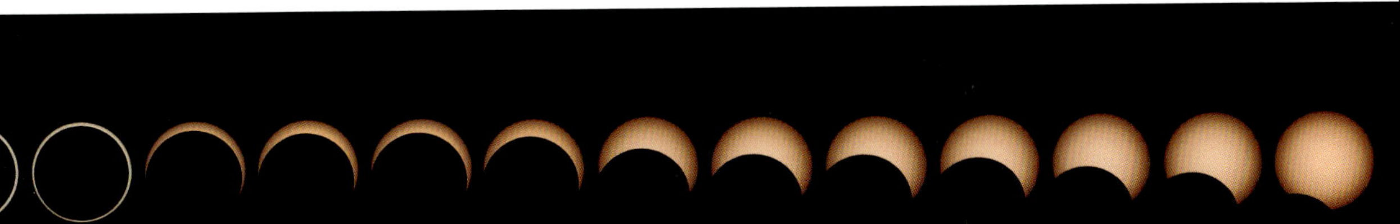

Zum Beginn und Ende der ringförmigen Phase präsentiert sich die Sonnensichel mit spitzen, übergreifenden Hörnern und einem Perlschnureffekt.

Der ideale Beobachtungsplatz

Wo sieht man eine totale oder ringförmige Sonnenfinsternis am besten? Für die meisten ist die Antwort eindeutig: Auf der Zentrallinie natürlich! In der Mitte des Finsternispfads dauert die Totalität einer totalen Finsternis am längsten, und nur dort kann man bei einer ringförmigen Finsternis den „perfekten" Feuerring sehen. Die oben beschriebenen Abläufe beziehen sich daher auch auf die Zentrallinie oder ihre unmittelbare Nähe, wo sich normalerweise 99% der Finsternisenthusiasten konzentrieren.

Der ideale Beobachtungsort liegt daher auf der Zentrallinie oder ist zumindest nicht mehr als einige Kilometer von der Zentrallinie entfernt, ist gut mit dem Auto zu erreichen, hat exzellente Wetterstatistiken und liegt auf einer Anhöhe, von der aus man nicht nur einen unverstellten Blick auf die Sonne, sondern auch auf die Umgebung und z. B. den herannahenden Mondschatten hat.

Dennoch könnte es sich lohnen, einen anderen Ort zu wählen: die nördliche oder südliche Kante des Finsternispfads! Wie oben gesehen, ereignen sich auf der Zentrallinie viele sehr spannende Phänomene in den wenigen Sekunden um den 2. und 3. Kontakt: das Perlschnurphänomen, der Diamantring, die Chromosphäre mit ihren Protuberanzen oder auch die Fliegenden Schatten. Manche Beobachter schätzen zudem die fast geschlossene, extrem dünne Sichel bei einer ringförmigen Sonnenfinsternis mindestens so sehr wie den perfekten Feuerring.

An den Grenzen der Finsterniszone, bzw. nicht mehr als eine handvoll Kilometer innerhalb dieser Grenzen, dauern all diese Phänomene wesentlich länger – bis zu einer Minute. Wer also auf eine möglichst lange Totalität oder den kreisrunden Feuerring verzichten kann, kann sich auf ausgedehnte Perlschnüre, Diamantringe oder einen längeren Blick auf die Chromosphäre freuen. Die nördliche Zonengrenze ist vor allem für die totale Finsternis am 2. August 2027 interessant, bei der die Zentrallinie das europäische Festland verfehlt.

KAPITEL 6

Sonnenfinsternisse fotografieren

Wer noch nie eine totale Sonnenfinsternis gesehen hat, ist gut beraten, auf eigene Fotos zu verzichten und das Ereignis einfach zu erleben: Ein Rat, der in unseren Zeiten, in denen die Einnahme jeder Mahlzeit fotografisch dokumentiert werden muss, freilich in den Wind gesprochen ist. Glücklicherweise ist die Sonnenfinsternisfotografie dank digitaler Technik heute so einfach wie nie zuvor – wenn man sich richtig vorbereitet!

Auch ein Kamerachip braucht Schutz vor dem Sonnenlicht. Wie die eigenen Augen, muss man die Kameraoptik während der partiellen Phasen und der ringförmigen Phase einer ringförmigen Sonnenfinsternis stets mit geeigneten Sonnenfiltern schützen.
Dazu können die gleichen Folien- oder Glasfilter wie für die visuelle Beobachtung verwendet werden. Spezielle fotografische Filter haben eine geringere Neutraldichte von 3, schwächen das Sonnenlicht also nur um einen Faktor 1000. Sie sind nicht für die visuelle Beobachtung geeignet, erlauben aber kürzere Belichtungszeiten bei der Fotografie. Solche Filter werden im Astronomiefachhandel angeboten.
Während einer Sonnenfinsternis bieten sich zwei grundsätzliche Motive an: Die verfinsterte Sonne selbst sowie die Landschaft und das Drumherum, in der sich die Finsternis abspielt.

Bleiben Sie entspannt!

Viele Beobachter, vor allem, wenn sie noch nie eine totale Finsternis erlebt haben, nehmen sich viel zu viel vor und wollen alles auf einmal: Visuelle Beobachtung, womöglich mit Fernglas und Teleskop, Fotografie, eventuell sogar mit mehreren Kameras und am Teleskop, Videoaufnahmen. Viel zu leicht unterschätzen sie, wie schnell die Minuten und Sekunden verrinnen!
Daher unser wichtigster Rat: Richten Sie ihre volle Aufmerksamkeit auf Sonne, Mond und Himmel, nicht auf Ihr Equipment! Wenn Sie noch nie eine totale Sonnenfinsternis gesehen haben, überlegen Sie sich, Ihre erste Begegnung mit dem Mondkernschatten mit Ihren eigenen Sinnen zu erleben und nicht denen einer Kamera!

Stimmungs- und Landschaftsaufnahmen

Für Weitwinkelaufnahmen des Himmels während der Totalität eignet sich am besten eine digitale Spiegelreflexkamera (DSLR) oder eine spiegellose Digitalkamera (DSLM) mit Normal- oder Weitwinkelobjektiv. Sie sollte auf ein stabiles Stativ montiert werden. Auch wenn die Sonne auf einer mit einem 50mm-Normalobjektiv ausgerüsteten Digitalkamera mit Vollformat-Chip (35mm) gerade einmal 0,5 Millimeter groß erscheint, eignet sich ein solches Setup für sehr ästhetische Aufnahmen des Finsternishimmels – vor allem, wenn man die Landschaft in Form von Bäumen, Gebäuden oder Monumenten mit in das Bild integriert. Ein weiteres interessantes Vordergrundmotiv sind Sie selbst – Ihre Begleiter und Ihre Ausrüstung!
Extreme Weitwinkelobjektive oder auch Fischaugenoptiken mit 8mm Brennweite eignen sich hervorragend, um den Totalitätshimmel mit seinem 360°-Dämmerungshorizont oder den herannahenden Mondschatten zu dokumentieren.
Spektakuläre Stimmungsbilder erhält man, wenn man bei feststehender Kamera mit ei-

Ein Fischaugenobjektiv an einer DSLR mit Vollformatchip liefert spektakuläre Rundumbilder des verfinsterten Himmels und der „360°-Dämmerung" am Horizont.

nem Weitwinkelobjektiv über den Verlauf der gesamten Sonnenfinsternis im Abstand von fünf oder zehn Minuten Aufnahmen macht und hinterher am Computer zu einer Serienaufnahme montiert. Dazu ist etwas Planung erforderlich: Zum einen muss man den Verlauf der Sonne während der Finsternis im Voraus abschätzen. Auch muss man die Belichtungszeiten während der Totaliät entsprechend anpassen – hierbei hilft eine programmierbare Fernsteuerung oder ein Steuerprogramm am PC. Den Filter muss man während der Totalität natürlich von Hand abnehmen!

Sonne und Mond im Detail

Soll die Sonne mit einer DSLR ausreichend groß abgebildet werden, benötigt man ein Teleobjektiv. Schon ein Objektiv mit 200 mm Brennweite zeigt sehr viel Detail. Die Korona während der Totalität erscheint mit einem 1000mm-Objektiv formatfüllend, die Sonne selbst wird 9,1 mm groß abgebildet.

Detailaufnahmen während der partiellen Phase, der Perlschnureffekt, die Chromosphäre, Protuberanzen und die innere Korona erfordern Brennweiten von etwa 500 bis 2000 mm – diese erreicht man mit einem Teleskop: Die Kamera wird dabei, ohne eigenes Objektiv, mit einem geeigneten Adapter an den Okularauszug angebracht, Die Teleskopoptik übernimmt die Rolle des Teleobjektivs.

Bei 2000mm füllt die Sonnenscheibe fast das gesamte Bildfeld eines Vollformat-Chips. Es gilt die Faustformel: Brennweite in mm geteilt durch 110 = Größe der abgebildeten Sonne in mm. Kameras mit APS-C-Chips (22 × 15 mm) zeigen mit einem gegebenen Objektiv einen kleineren Bildausschnitt gemäß einem Faktor von 1,5.

Telekonverter zur Verlängerung der Brennweite von Teleobjektiven können die Bildqualität verschlechtern, ähnliches gilt für Zoomobjektive und billige Barlowlinsen. Testaufnahmen mit dem gesamten Equipment, lange vor der Finsternis, enthüllen eventuelle Probleme.

Fokus

Nichts ist ärgerlicher als unscharfe Sonnenfinsternisbilder! Der Autofokus der Kamera mag funktionieren, solange während der partiellen Phase eine helle Sonnenscheibe im Gesichtsfeld zu sehen ist, aber nicht unbedingt während der Totalität – man fokussiert das Objektiv also manuell und stellt den Autofokus ab.

Dabei verwendet man nicht etwa die Unendlichkeitsstellung (∞) am Objektiv, sondern am besten die LiveView-Funktion am Display der Kamera bei höchster Vergrößerung. Anschließend fixiert man den Fokusring des Objektivs mit einem Klebeband gegen unabsichtliches Verstellen beim Entfernen und Aufsetzen des Sonnenfilters. Verwendet man ein Zoomobjektiv, so fixiert man den Zoomring ebenfalls – sicher ist sicher! Am Teleskop muss man ohnehin manuell fokussieren, auch hier nutzt man die LiveView-Funktion.

Zum Fokussieren achtet man man am besten auf Sonnenflecken; sind keine Flecken vorhanden, den Sonnenrand.

Montierung und Nachführung

Ebenso wichtig wie Optik und Kamera sind die Montierung und das Stativ. Beide sollten stabil und wackelfrei, gleichzeitig aber transportabel, im Idealfall flugreisetauglich sein. Verwendet man eine Kamera und ein Teleobjektiv, reicht ein gutes Fotostativ und ein gut zu bedienender Stativkopf, etwa ein Kugelkopf oder ein 3-Wege- bzw. Videoneiger.

Der Stativkopf sollte nicht nur leicht zu verstellen sein und das Gewicht von Kamera und Objektiv sicher halten, er sollte auch problemlos jeden Punkt am Himmel einstellen lassen. Das ist besonders wichtig, wenn die Sonne hoch steht, also bei der Finsternis am 2. August 2027. Nicht jeder Stativkopf ist für hohe Winkel geeignet!

Die Sonne wandert dank der Erddrehung alle zwei Minuten um ihren Winkeldurchmesser weiter – der Stativkopf sollte sich also leicht und flüssig verstellen lassen. Eine Alternative bieten reisetaugliche Nachführeinheiten, wie sie auch für die Nachtfotografie verwendet werden. Ab Brennweiten von etwa 500 mm ist eine automatische Nachführung dringend angeraten, will man nicht während der Totalität wertvolle Zeit mit dem Nachstellen der Kamera verschwenden.

Ein gutes Dreibeinstativ ist die Basis der Fotoausrüstung. Um seine Stabilität zu erhöhen, sollte man seine Beine nicht auf die volle Länge ausziehen. Ein mit Sand oder Steinen gefüllter Beutel, an die Mittelsäule gehängt, stabilisiert zusätzlich. Ist mit Wind zu rechnen, sollte der Standort so windgeschützt wie möglich sein: Eventuell macht es Sinn, einen zusätzlichen Windschutz aufzubauen. Belichtungszeiten von mehreren Sekunden während der Totalität erfordern eine wackelfreie Kamera.

Verwendet man Teleskope mit Brennweiten von einem Meter und mehr, kommt man um eine schwere, nachgeführte Montierung nicht herum. Eine solche Montierung ist nicht nur eine Reiseherausforderung, sie erfordert auch eine portable Stromversorgung und muss vor Ort eingenordet werden. Ein solcher Aufwand ist nur Fotografen zu empfehlen, die schon wenigstens eine totale Sonnenfinsternis gesehen haben – aber nicht Anfängern!

Belichtungszeit

Während der partiellen Phase hängt die Belichtungszeit ganz entscheidend vom verwendeten Filter ab: Ein fotografischer Sonnenfilter erzeugt ein helleres Sonnenbild im Vergleich zu visuellen Filtern und erlaubt damit kürzere Belichtungszeiten und schärfere Fotos. Am besten findet man die optimale Einstellung vor dem 1. Kontakt durch Ausprobieren heraus.

Mit Digitalkompositen lassen sich ungewöhnliche Finsternisaufnahmen erstellen. Dieses Beispiel vereint 9 Aufnahmen aus einer Zeitspanne von etwa 30 Sekunden und dokumentiert die Entwicklung von Diamantring-Effekt und Perlschnur-Effekt bis zum 2. Kontakt.

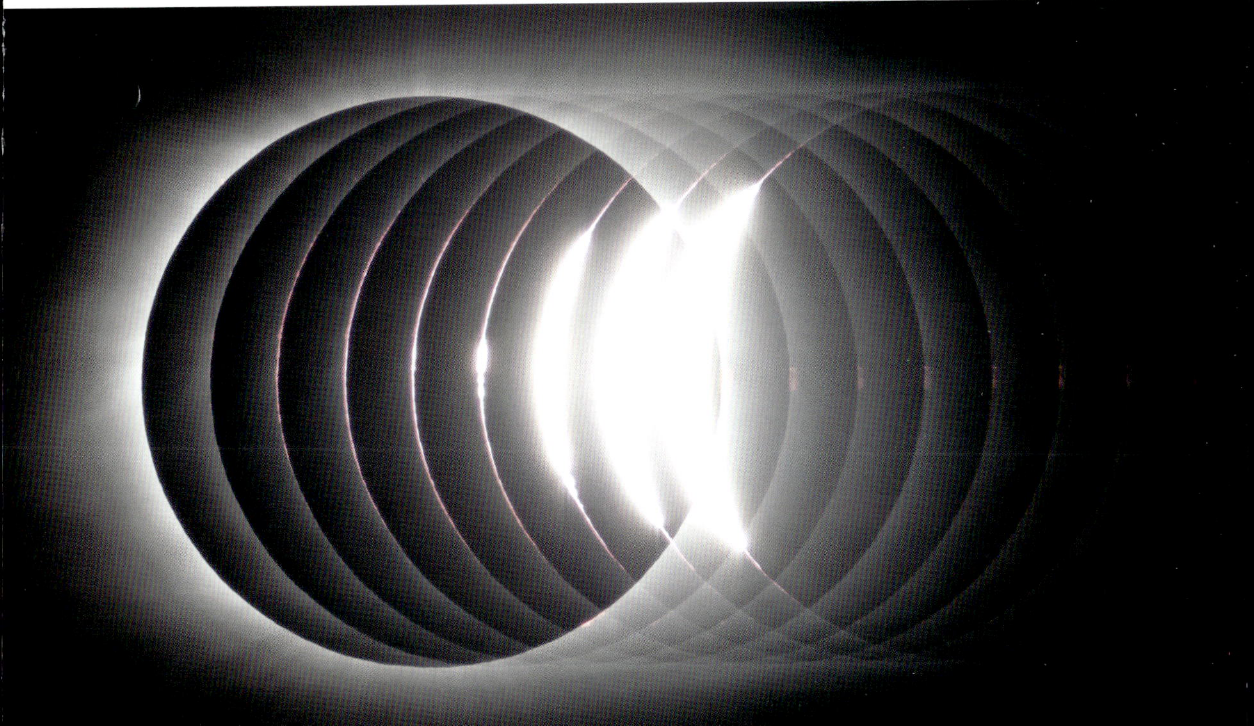

Üben, üben, üben!

Egal, ob mit feststehender Kamera, nachgeführt mit Teleobjektiv oder am Teleskop, oder mit dem Smartphone: nicht die Kamera macht das Foto, sondern der Fotograf, also Sie!
Damit dieser in den spannenden Minuten der Sonnenfinsternis ebenfalls richtig „funktioniert", ist Übung notwendig: Genau wie bei der visuellen Beobachtung müssen Sie Ihre Ausrüstung genau kennen. Wo sind die wichtigen Knöpfe an der Kamera? Wie verhält sich die verwendete App am Smartphone? Wie leicht lässt sich die Kamera auf dem Stativ anhand ihres Schattens ausrichten? Wie gut läuft die Nachführung, sind Korrekturen notwendig? Lässt sich der Sonnenfilter problemlos entfernen und wieder aufsetzen, ohne Kamera und Einstellungen zu verstellen?
Im Idealfall bedienen Sie Ihre Kamera „blind", ohne dabei auf Menüs und Knöpfe schauen oder Drehknöpfe und Bremsen an Stativ oder Montierung suchen zu müssen. Damit das geht, sollten Sie Ihr vollständiges Equipment ausgiebig testen – schon Wochen vor dem großen Ereignis!

Alternativ kann man während der partiellen Phase die Belichtungsautomatik der Kamera nutzen, falls die Sonnenscheibe einen Großteil des Bildfeldes ausmacht oder die Kamera über eine Spotmessung verfügt: Dann aber die Belichtungszeit fest einstellen und die Automatik abschalten!
Da sich die Oberflächenhelligkeit der Sonne während der partiellen Phase nicht ändert, könnte die Belichtungszeit theoretisch konstant gehalten werden. Jedoch ändern sich in der Praxis über den Zeitraum der Finsternis

Mit einer an ein Teleskop angeschlossenen digitalen Spiegelreflexkamera lassen sich detaillierte Fotos der verfinsterten Sonne machen.

Belichtungsempfehlung für die Totalität

ISO: 100, Blende: f/8	2026 (Sonnenhöhe 8°)	2027 (Sonnenhöhe 35°)
Protuberanzen	1/320s	1/1600s
Diamantring	1/30s	1/125s
innere Korona	1/10s	1/40s
mittlere Korona	1/1,3s	1/6s
äußere Korona	6s	2s

die Höhe der Sonne über dem Horizont sowie eventuell die Wetterumstände. Das ist besonders während der Finsternisse 2026 und 2028 der Fall, wenn die Sonne im Laufe der Finsternis bis zum Horizont wandert.

Wird die Sonne zu einer sehr schmalen Sichel, sollte man die Belichtungszeit leicht erhöhen – einerseits für den dramatischen Effekt, und andererseits, um den Effekt des etwas dunkleren Sonnenrands auszugleichen.

Während der Totalität ändern sich die Lichtverhältnisse sehr schnell, und die Kamera belichtet ohne Sonnenfilter. Dazu kommt, dass die Helligkeit der Korona nicht konstant ist, sondern vom Sonnenrand aus um einen Faktor 100 abnimmt. Je länger man belichtet, desto mehr erscheint die äußere Korona, desto mehr wird die innere Korona aber auch überbelichtet.

Auch die Höhe der verfinsterten Sonne über dem Horizont beeinflusst die Belichtungszeiten: Was für die Finsternis 2026 gilt, gilt 2027 nicht mehr! Die Tabelle listet exemplarisch für einen bestimmten ISO-Wert und eine bestimmte Blende ungefähre Belichtungszeiten für verschiedene Details der totalen Phase auf. Die Zeiten für die niedrig stehende Sonne 2026 sind erheblich länger!

Die Tabelle gibt nur eine grobe Orientierung. In der Realität können Wolken, Dunst und selbst die Höhe des Beobachtungsorts die Belichtungszeiten zusätzlich beeinflussen. Auf seiner Webseite (vgl. Anhang) bietet Xavier Jubier einen hervorragenden Belichtungszeiten-Rechner, mit dem man alle Szenarien durchspielen kann.

Um auf Nummer sicher zu gehen, kann man während der Totalität die Bracketing-Funktion der Kamera (auto-exposure bracketing, AEB) verwenden. Dabei nimmt die Kamera, je nach Modell, bei jedem Auslösen eine Serie verschiedener Belichtungen auf, mit dem z. B. anhand der Tabelle eingestellten Wert in der Mitte. Viele DSLRs können beispielsweise die Belichtung um ±3 Blendenwerte in Schritten von ⅓ Blendenwert variieren. Unter den Aufnahmen der Serie sind dann mit Sicherheit solche mit perfekter Belichtungszeit für verschiedene Aspekte der Chromosphäre und Korona.

Aufnahmen mit der Bracketing-Methode lassen sich hinterher auch am Computer zu einem synthetischen Summenbild zusammenfügen, in dem die gesamte Struktur der inneren und äußeren Korona gleichermaßen zu sehen ist.

Weitere Kameraeinstellungen

Grundsätzlich sollte man die Kamera im manuellen Modus (M) betreiben. Moderne Digitalkameras haben zahllose Einstellmöglichkeiten, doch nur eine handvoll sind wirklich nützlich für die Sonnenfinsternisfotografie. Eine der wichtigsten betrifft Bildauflösung und Speicherqualität. Hier sollte man unbedingte die höchsten Einstellungen wählen: unkomprimierte Rohbilder (RAW) und/oder das jpeg-Format mit der höchsten Auflösung. Achten Sie aber unbedingt auf genügend Speicherplatz auf der Speicherkarte: Ein RAW-Bild im Vollformat ist rund 30 MB groß!

Ein eventuell vorhandener Blitz gehört abgeschaltet. Der ISO-Wert sollte einen mittelhohen Wert (etwa 400 bis 800) betragen, um die Belichtungszeiten kurz zu halten. Ein zu hoher Wert führt zu Bildrauschen. Die Funktion „Rauschreduzierung bei Langzeitbelichtung“ verbessert zwar die Bildqualität, führt aber dazu, dass die Kamera nach jeder Aufnahme ein gleich lang belichtetes Dunkelbild erstellt und währenddessen nicht weiter belichten kann: Während der Totalität ist dafür keine Zeit!

Das Auslösen sollte über eine Fernsteuerung, entweder via Kabel oder drahtlos, erfolgen. Das vermeidet verwackelte Bilder durch das Drücken des Auslöseknopfs. Manche Fernsteuerungen sind programmierbar, so dass sich die gesamte Belichtungssequenz während der partiellen und totalen Phasen voreinstellen lässt. Das erlaubt es, sich statt auf die Kamera ganz auf die Finsternis zu konzentrieren – erfordert aber auch eine genaue Planung der Sequenz.

Empfohlene Kameraeinstellungen

Folgende Kameraeinstellungen sind zu empfehlen und sollten vor Beginn der Finsternis eingestellt und ggf. überprüft werden:

- Modus manuell (M)
- Autofokus am Objektiv ausschalten bzw. auf Stellung MF
- Stabilisator am Objektiv aus
- Blitz aus
- Rauschverminderung (Dunkelbildabzug) aus
- Bildqualität RAW (oder maximale jpeg-Auflösung)
- Weißabgleich Sonne oder eine andere feste Einstellung (nicht AWB)
- Spiegelvorauslösung an
- ISO 400 bis 800
- Blende offen oder maximal +1 Blendenstufe
- Belichtungszeit (Tabelle auf S. 109)

Bei Spiegelreflexkameras sollte die Spiegelvorauslösung aktiviert sein, damit der Spiegelschlag nicht ebenfalls für Vibrationen sorgt, vor allem während der längeren Belichtungszeiten der Totalität.

Wer seine Kamera vor der Finsternis mit einer Weltzeituhr (UTC) oder Lokalzeit (MEZ/MESZ) synchronisiert und die geografischen Koordinaten abruft (manche Kameras können beides über einen internen GPS-Empfänger), hat es hinterher leichter, seine Bilder auszuwerten und zu geolokalisieren. Die Koordinaten werden von der Kamera automatisch in die EXIF-Daten jedes Fotos gespeichert, welche sich mit Bildverarbeitungsprogrammen auslesen lässt.

Sonnenfinsternisfotos mit dem Smartphone

Nicht jeder kann oder will eine komplette Fotoausrüstung mitnehmen. Kein Problem – moderne Smartphones eignen sich ebenfalls für die Fotografie einer Sonnenfinsternis, und zwar sehr gut! Mit diesen Tricks und Zubehörteilen werden die Smartphonebilder nahezu professionell:

- Die Bedienung der Smartphonekamera gestaltet sich mit hilfreichen Apps wie Camera+ oder NightCap Pro (für iPhone und iPad) oder Camera FV-5 oder OpenCamera (Android) erheblich einfacher. Die Apps erlauben eine schnelle Einstellung von Parametern wie ISO, Belichtungszeit, Fokus oder Zoom.
- Smartphones mit ihren Weitwinkelkameras eignen sich sehr gut für Stimmungs- und Landschaftsaufnahmen. Dazu montiert man sie am besten ebenfalls auf ein Stativ. Stativadapter für Smartphones gibt es im Astrofachhandel. Viele „Selfiesticks" bestehen aus einem Halter, an dessen Unterseite ein genormtes Stativgewinde eingelassen ist – sie sind damit billige Stativadapter, von denen Sie vielleicht schon einen zu Hause haben.
- Das Auslösen am Bildschirm führt schnell zu verwackelten Bildern und verstellt das Smartphone. Eine per Bluetooth mit dem Telefon verbundene Fernbedienung löst das Problem.
- Auch Smartphonekameras benötigen während der partiellen Phasen (und bei einer ringförmigen Finsternis die gesamte Zeit) einen Sonnenfilter. Dieser muss bei Beginn und Ende der Totalität

Checkliste Fotografie

Vor der Abreise sollte das gesamte Equipment aufgebaut und auf Funktion getestet, die Batterien geladen und Speicherkarten geleert bzw. formatiert werden. Eine Gepäckliste stellt sicher, dass nichts vergessen wird. Ins Gepäck kommen:

- Kamera und Objektive
- Speicherkarten (geleert, auf Funktion prüfen!)
- Batterien (voll geladen)
- Ladegerät und Kabel
- Fernauslöser mit Batterien
- Sonnenfilter für Objektive, Smartphone etc.
- Taschenlampe oder Stirnlampe mit Batterien
- Stativ und Stativkopf
- evtl. Nachführeinheit mit Zubehör und Batterien
- Ladekabel für Smartphone

ebenfalls leicht abnehmbar und wieder aufsetzbar sein, ohne dass das Telefon dabei verstellt wird. Manche Anbieter haben spezielle Smartphonefilter im Angebot. Man muss aber kein Raumfahrtingenieur sein, um aus einer Sonnenfinsternisbrille, etwas Pappe und Papier einen geeigneten Filter selbst zu fertigen!

Wer Sonne und Mond mit mehr Detail fotografieren will – der Digitalzoom vergrößert das Bild nur begrenzt und reduziert außerdem die Bildqualität – kann kommerziell erhältliche Teleobjektive verwenden, die vor die Smartphonekamera aufgesetzt werden. Diese sind allerdings häufig von minderer Qualität und nicht leicht zu fokussieren.

Besser ist es, als Teleoptik ein Fernglas, Spektiv oder Teleskop zu benutzen. Wer ein Teleskop dabeihat, kann das Telefon als Ersatz für eine DSLR oder DSLM verwenden.

Die einfachste Methode ist, das Smartphone mit der Kamera per Hand an das Okular des Fernglases, Spektivs oder Teleskops zu halten und manuell über den Bildschirm zu fotografieren. Das Okular sollte eine geringe bis mittlere Vergrößerung haben, sonst wird das Unterfangen zu schwierig, da die Austrittspupille, also der Durchmesser des Lichtstrahls, der aus dem Okular tritt, zu klein ist. Die Austrittspupille muss genau in die Kamera des Smartphones fallen. Das manuelle Ausrichten und Fotografieren erfordert daher Geschick und ist vor allem während der Totalität nicht praktikabel – es sei den, man möchte die wertvollen Sekunden im Kernschatten da-

Solar Snap

In den letzten Jahren sind spezielle Apps für die Fotografie von Sonnenfinsternissen mit Smartphones entstanden. Eine der besten ist die Solar Snap Eclipse App von dem Astronomen Douglas Duncan. Mit Solar Snap lassen sich Zoom, Fokus und Belichtungszeit über drei Regler leicht einstellen, ähnlich wie bei den oben genannten Foto-Apps. Solar Snap verfügt aber zusätzlich über automatische Modi für partielle und totale Phase: Während der partiellen Phase nimmt sie alle 60 Sekunden ein Foto auf. Im Totalitätsmodus fotografiert sie alle 10 Sekunden und verwendet dabei automatisch die Bracketing-Funktion. Die App arbeitet also vollautomatisch, so dass man die Finsternis genießen kann, während sich das Smartphone um die Bilder kümmert – nur den Filter muss man noch selbst auf- und absetzen!

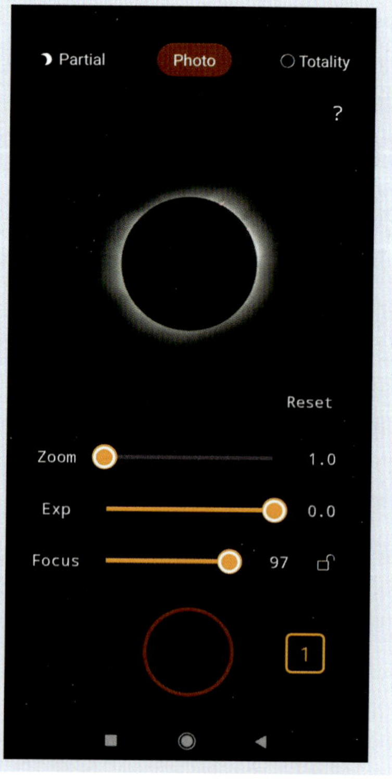

mit verbringen, auf den Bildschirm zu blicken statt auf die Sonne!

Viel besser ist es, das Smartphone mit einem speziellen Halter fest hinter das Okular zu montieren und eine App, zum Beispiel Solar Snap (vgl. Kasten), die Arbeit machen zu lassen. Smartphonehalter für Teleskope oder Ferngläser gibt es in zahlreichen Ausführungen und Preisklassen. Sie werden von allen namhaften Astronomiehändlern angeboten. Achten Sie darauf, dass sich die Kamera möglichst nah an das Okular positionieren lässt, oder besser noch, dass der Adapter einen Streulichtschutz hat. Andernfalls kann seitlich in die Kamera eintretendes Licht zu unschönen Reflexionen führen.

Smartphones eigenen sich auch prima, um die lokale Szenerie an Ihrem Beobachtungsplatz zu dokumentieren. Fotografieren Sie zum Beispiel Sichelbilder der teilverfinsterten Sonne oder nutzen Sie die Videofunktion, um etwa das Phänomen der Fliegenden Schatten aufzuzeichnen.

Schließlich können Sie ein Smartphone, aber auch eine digitale Kamera mit Videofunktion, einsetzen, um sich selbst während der Finsternis zu beobachten – beziehungsweise Ihre Reaktionen und die derjenigen um Sie herum. Lassen Sie die Kamera dazu einfach in ein paar Meter Abstand auf einem Stativ ein Video aufzeichnen, während Sie sich der Beobachtung oder Fotografie der Finsternis widmen. Starten Sie etwa 15 Minuten vor der Totalität, um den vollen Spannungsbogen mitzubekommen. Sie werden erstaunt sein über ein ganz besonderes Bild- und Tondokument mit Ihnen als Protagonisten!

Daten zu den Finsternissen

Die Totalität am 12.8.2026

Ort	Dauer	Höhe	Azimut
La Coruña	1:15.5	+11.9°	279.2°
Lugo	1:24.5	+11.2°	279.9°
Avilés	1:47.0	+10.3°	280.7°
Ponferrada	1:27.1	+10.3°	280.7°
Oviedo	1:48.2	+10.2°	280.8°
Gijon	1:44.7	+10.1°	280.8°
León	1:44.9	+9.6°	281.3°
Benavente	1:23.1	+9.4°	281.5°
Zamora	0:25.0	+9.2°	281.7°
Toro	0:56.6	+8.9°	281.9°
Santander	1:03.0	+8.8°	282.1°
Osorno	1:46.3	+8.7°	282.1°
Palencia	1:42.2	+8.6°	282.2°
Valladolid	1:28.2	+8.5°	282.2°
Burgos	1:43.5	+8.2°	282.6°
Bilbao	0:29.6	+8.1°	282.7°
Lerma	1:45.4	+8.1°	282.7°
Miranda de Ebro	1:22.0	+7.8°	282.9°
Vitoria-Gasteiz	1:02.4	+7.7°	283.0°
Segovia	0:59.7	+7.7°	282.9°
Mondragón	0:19.4	+7.7°	283.0°
Logroño	1:20.4	+7.4°	283.3°
Puente de la Reina	0:33.2	+7.1°	283.6°
Soria	1:41.5	+7.0°	283.6°
Almazán	1:43.5	+6.9°	283.6°
Guadalajara	1:08.0	+6.9°	283.6°
Alfaro	1:17.6	+6.8°	283.8°
Ariza	1:42.8	+6.5°	284.0°
Saragossa	1:23.7	+5.9°	284.6°

Ort	Dauer	Höhe	Azimut
Almudévar	0:41.5	+5.9°	284.6°
Cuenca	0:54.6	+5.9°	284.4°
Utrillas	1:41.0	+5.4°	284.9°
Teruel	1:34.3	+5.3°	284.9°
Alcañiz	1:32.7	+5.1°	285.2°
Lleida	0:25.6	+4.9°	285.5°
Amposta	1:33.5	+4.4°	285.8°
Sagunt	1:18.2	+4.4°	285.6°
Valencia	0:59.2	+4.4°	285.6°
Peníscola	1:39.2	+4.3°	285.8°
Tarragona	1:00.7	+4.2°	286.0°
Sant Antoni (Ibiza)	1:05.9	+2.9°	286.7°
Formentera	0:34.2	+2.7°	286.8°
Palma (Mallorca)	1:36.1	+2.4°	287.3°
Ciutadella (Menorca)	1:11.8	+1.8°	287.9°

Kontaktzeiten am 12.8.2026. Alle Zeiten in MESZ.

Ort	1. Kontakt	2. Kontakt	Mitte	3. Kontakt	4. Kontakt	Sonnen-unter-gang
La Coruña	19:30:59.4	20:27:43.5	20:28:21.3	20:28:59.0	21:22:01.7	21:39
Lugo	19:31:45.7	20:28:08.0	20:28:50.4	20:29:32.5	21:22:15.6	21:34
Avilés	19:30:59.7	20:26:47.9	20:27:41.5	20:28:34.9	21:20:49.9	21:29
Ponferrada	19:32:43.9	20:28:44.9	20:29:28.5	20:30:12.0	21:22:36.1	21:29
Oviedo	19:31:21.8	20:27:06.5	20:28:00.7	20:28:54.7	21:21:06.2	21:28
Gijon	19:31:03.9	20:26:48.6	20:27:41.1	20:28:33.3	21:20:45.7	21:28
León	19:32:46.3	20:28:21.6	20:29:14.1	20:30:06.5	21:22:08.3	21:29
Benavente	19:33:49.3	20:29:32.1	20:30:13.7	20:30:55.2	21:23:03.4	21:25
Zamora	19:34:42.2	20:30:50.7	20:31:03.3	20:31:15.7	21:23:48.7	21:24
Toro	19:34:42.5	20:30:29.4	20:30:57.8	20:31:26.0	21:23:38.7	21:23
Santander	19:31:24.5	20:26:58.7	20:27:30.3	20:28:01.7	21:20:09.3	21:20
Osorno	19:33:13.3	20:28:26.1	20:29:19.4	20:30:12.5	21:21:55.5	21:20
Palencia	19:33:55.4	20:29:09.7	20:30:00.9	20:30:51.9	21:22:35.2	21:20
Valladolid	19:34:32.1	20:29:53.3	20:30:37.5	20:31:21.5	21:23:10.9	21:20
Burgos	19:33:23.5	20:28:26.2	20:29:18.1	20:30:09.7	21:21:44.7	21:18
Bilbao	19:31:49.4	20:27:24.4	20:27:39.3	20:27:54.0	21:20:04.8	21:16
Lerma	19:33:56.6	20:28:56.7	20:29:49.5	20:30:42.1	21:22:13.9	21:17
Miranda de Ebro	19:32:50.3	20:27:54.4	20:28:35.5	20:29:16.4	21:20:55.6	21:15
Vitoria-Gasteiz	19:32:34.3	20:27:45.1	20:28:16.4	20:28:47.5	21:20:34.5	21:14
Segovia	19:35:49.9	20:31:08.8	20:31:38.7	20:32:08.4	21:23:56.6	21:16
Mondragón	19:32:11.9	20:27:43.0	20:27:52.8	20:28:02.4	21:20:10.6	21:14
Logroño	19:33:15.2	20:28:10.2	20:28:50.4	20:29:30.5	21:21:01.9	21:13
Puente de la Reina	19:32:55.2	20:28:05.3	20:28:22.0	20:28:38.5	21:20:27.2	21:11
Soria	19:34:28.5	20:29:07.3	20:29:58.2	20:30:48.8	21:22:03.1	21:12

Kontaktzeiten am 12.8.2026. Alle Zeiten in MESZ.

Ort	1. Kontakt	2. Kontakt	Mitte	3. Kontakt	4. Kontakt	Sonnen-unter-gang
Almazán	19:34:57.6	20:29:33.7	20:30:25.6	20:31:17.2	21:22:28.4	21:11
Guadalajara	19:36:25.2	20:31:21.7	20:31:55.8	20:32:29.7	21:23:58.3	21:12
Alfaro	19:33:47.2	20:28:29.8	20:29:08.7	20:29:47.4	21:21:08.3	21:09
Ariza	19:35:16.3	20:29:43.6	20:30:35.1	20:31:26.4	21:22:30.2	21:09
Saragossa	19:34:43.2	20:29:04.2	20:29:46.2	20:30:28.0	21:21:29.5	21:05
Almudévar	19:34:02.4	20:28:43.2	20:29:04.0	20:29:24.7	21:20:47.3	21:04
Cuenca	19:37:26.0	20:32:07.1	20:32:34.5	20:33:01.7	21:24:17.9	21:07
Utrillas	19:36:09.2	20:30:13.5	20:31:04.2	20:31:54.6	21:22:38.7	21:03
Teruel	19:36:57.7	20:31:05.1	20:31:52.4	20:32:39.4	21:23:25.4	21:03
Alcañiz	19:35:44.4	20:29:43.7	20:30:30.1	20:31:16.4	21:21:58.0	21:01
Lleida	19:34:45.6	20:29:11.6	20:29:24.5	20:29:37.2	21:20:48.5	20:59
Amposta	19:36:18.3	20:30:02.9	20:30:49.8	20:31:36.5	21:22:05.4	20:57
Sagunt	19:38:04.5	20:32:00.4	20:32:39.6	20:33:18.6	21:23:55.4	20:59
Valencia	19:38:26.1	20:32:31.3	20:33:01.0	20:33:30.5	21:24:16.0	20:59
Peníscola	19:36:54.1	20:30:35.5	20:31:25.2	20:32:14.7	21:22:39.5	20:57
Tarragona	19:35:35.9	20:29:30.3	20:30:00.8	20:30:31.0	21:21:12.2	20:55
Sant Antoni (Ibiza)	19:39:10.7	20:32:41.8	20:33:14.8	20:33:47.6	21:24:04.1	20:51
Formentera	19:39:39.5	20:33:22.0	20:33:39.2	20:33:56.2	21:24:24.3	20:50
Palma (Mallorca)	19:38:05.2	20:31:06.0	20:31:54.2	20:32:42.1	21:22:33.1	20:47
Ciutadella (Menorca)	19:37:16.0	20:30:15.1	20:30:51.1	20:31:26.9	21:21:20.1	20:43

Die Totalität am 2.8.2027

Ort	Dauer	Höhe	Azimut
Cádiz	2:51.6	+37.4°	95.1°
Rota	2:12.0	+37.4°	95.1°
Jerez de la Frontera	1:40.9	+37.6°	95.3°
Conil de la Frontera	4:00.8	+37.7°	95.0°
Barbate	4:16.4	+37.8°	95.1°
Vejer de la Frontera	4:06.0	+37.8°	95.1°
Alcalá de los Gazules	3:22.2	+38.0°	95.5°
Tarifa	4:38.8	+38.2°	95.2°
Algeciras	4:27.6	+38.3°	95.5°
Gibraltar (GB)	4:27.7	+38.4°	95.5°
La Línea de Concepción	4:23.6	+38.4°	95.6°
Ceuta	4:48.4	+38.5°	95.4°
Estepona	3:37.5	+38.6°	96.0°
Ronda	1:10.1	+38.6°	96.2°
Marbella	3:17.2	+38.9°	96.3°
Alhaurín el Grande	2:29.4	+39.1°	96.5°
Pizarra	1:07.7	+39.1°	96.6°
Alhaurín de la Torre	2:23.4	+39.2°	96.7°
Fuengirola	3:10.1	+39.2°	96.5°
Puerto de la Torre	1:33.2	+39.3°	96.8°
Torremolinos	2:41.0	+39.3°	96.7°
Málaga	1:50.7	+39.4°	96.8°
Torre del Mar	1:39.6	+39.7°	97.2°

Ort	Dauer	Höhe	Azimut
Veléz-Málaga	1:02.4	+39.7°	97.2°
Nerja	1:35.0	+39.9°	97.4°
Almuñecar	1:51.5	+40.1°	97.5°
Salobreña	1:46.0	+40.2°	97.6°
Motril	1:41.0	+40.3°	97.7°
Adra	1:43.7	+40.8°	98.1°
El Ejido	1:23.3	+41.0°	98.3°
Melilla	4:33.6	+41.0°	96.9°
Roquetas de Mar	1:34.6	+41.2°	98.5°
San José	1:34.0	+41.8°	99.0°

Kontaktzeiten am 2.8.2027. Alle Zeiten in MESZ.

Ort	1. Kontakt	2. Kontakt	Mitte	3. Kontakt	4. Kontakt
Cádiz	9:40:45.6	10:45:26.4	10:46:51.9	10:48:18.0	11:59:35.6
Rota	9:40:46.6	10:45:44.0	10:46:49.7	10:47:55.9	11:59:29.1
Jerez de la Frontera	9:40:57.5	10:46:16.1	10:47:06.3	10:47:57.0	11:59:50.7
Conil de la Frontera	9:40:44.1	10:45:00.4	10:47:00.4	10:49:01.2	11:59:57.1
Barbate	9:40:47.5	10:45:02.3	10:47:10.1	10:49:18.7	12:00:14.1
Vejer de la Frontera	9:40:47.8	10:45:05.5	10:47:08.0	10:49:11.4	12:00:09.0
Alcalá de los Gazules	9:41:04.7	10:45:48.4	10:47:29.1	10:49:10.6	12:00:31.5
Tarifa	9:40:53.5	10:45:09.1	10:47:28.0	10:49:47.9	12:00:45.7
Algeciras	9:41:03.8	10:45:28.1	10:47:41.4	10:49:55.6	12:01:00.7
Gibraltar (GB)	9:41:07.8	10:45:35.0	10:47:48.4	10:50:02.6	12:01:10.5
La Línea de Concepción	9:41:09.3	10:45:38.1	10:47:49.5	10:50:01.7	12:01:10.8
Ceuta	9:41:00.8	10:45:21.8	10:47:45.5	10:50:10.2	12:01:14.7
Estepona	9:41:26.4	10:46:20.2	10:48:08.6	10:49:57.7	12:01:28.6
Ronda	9:41:37.0	10:47:38.6	10:48:13.4	10:48:48.7	12:01:23.9
Marbella	9:41:39.9	10:46:50.3	10:48:28.5	10:50:07.5	12:01:53.7
Alhaurín el Grande	9:41:52.7	10:47:30.5	10:48:44.9	10:49:59.9	12:02:11.9
Pizarra	9:41:56.5	10:48:12.5	10:48:46.1	10:49:20.2	12:02:09.0
Alhaurín de la Torre	9:41:58.6	10:47:42.9	10:48:54.4	10:50:06.4	12:02:24.5
Fuengirola	9:41:51.7	10:47:12.9	10:48:47.6	10:50:23.0	12:02:19.3
Puerto de la Torre	9:42:05.0	10:48:15.4	10:49:01.7	10:49:48.6	12:02:31.7

Kontaktzeiten am 2.8.2027. Alle Zeiten in MESZ.

Ort	1. Kontakt	2. Kontakt	Mitte	3. Kontakt	4. Kontakt
Torremolinos	9:41:59.9	10:47:37.9	10:48:58.1	10:50:18.9	12:02:31.0
Málaga	9:42:06.7	10:48:10.4	10:49:05.5	10:50:01.2	12:02:37.8
Torre del Mar	9:42:21.5	10:48:40.4	10:49:29.9	10:50:19.9	12:03:10.8
Veléz-Málaga	9:42:22.3	10:48:58.7	10:49:29.7	10:50:01.1	12:03:09.1
Nerja	9:42:31.2	10:48:58.7	10:49:45.9	10:50:33.6	12:03:32.7
Almuñecar	9:42:38.2	10:49:03.2	10:49:58.7	10:50:54.7	12:03:51.0
Salobreña	9:42:43.0	10:49:13.6	10:50:06.3	10:50:59.6	12:04:01.3
Motril	9:42:46.2	10:49:21.2	10:50:11.5	10:51:02.3	12:04:08.1
Adra	9:43:08.1	10:49:56.6	10:50:48.2	10:51:40.3	12:04:58.4
El Ejido	9:43:18.3	10:50:22.7	10:51:04.1	10:51:46.0	12:05:19.3
Melilla	9:42:25.3	10:48:14.5	10:50:30.9	10:52:48.1	12:05:23.7
Roquetas de Mar	9:43:27.0	10:50:32.0	10:51:19.0	10:52:06.6	12:05:40.0
San José	9:43:50.2	10:51:10.4	10:51:57.2	10:52:44.5	12:06:31.6

Die Annularität am 26.1.2028

Ort	Dauer	Höhe	Azimut
Sagres (P)	6:15.3	+9.6°	237.7°
Faro (P)	7:02.2	+8.8°	238.5°
Avalade (P)	3:21.0	+8.7°	238.0°
Beja (P)	4:22.4	+8.3°	238.3°
Huelva	7:11.1	+7.9°	239.1°
Cádiz	6:41.7	+7.8°	239.7°
Jerez de la Frontera	6:48.7	+7.6°	239.8°
Algeciras	4:11.8	+7.3°	240.4°
Sevilla	7:15.2	+7.2°	239.8°
Mérida	2:45.8	+6.7°	239.3°
Málaga	4:56.1	+6.3°	241.0°
Córdoba	7:12.6	+6.0°	240.6°
Motril	2:47.6	+5.6°	241.6°
Granada	5:22.6	+5.4°	241.5°
Jaén	6:51.4	+5.3°	241.3°
Ciudad Real	6:34.2	+4.9°	241.1°
Úbeda	6:55.5	+4.9°	241.6°
Toledo	3:09.3	+4.6°	240.9°
Albacete	7:06.3	+3.4°	242.5°
Cartagena	0:31.9	+3.3°	243.3°
Murcia	4:34.5	+3.2°	243.1°
Cuenca	5:42.0	+3.2°	242.2°
Alicante	5:03.7	+2.6°	243.5°
Teruel	6:00.5	+2.3°	242.9°
Valencia	7:01.5	+2.1°	243.5°
Sant Antoni (Ibiza)	4:55.3	+1.1°	244.7°
Lleida	3:29.2	+0.6°	244.0°
Tarragona	6:11.1	+0.4°	244.4°
Santa Ponça (Mallorca)	-	+0.0°	245.4°

Kontaktzeiten am 26.1.2028. Alle Zeiten in MEZ bzw. WEZ (P).

Ort	1. Kontakt	2. Kontakt	Mitte	3. Kontakt	4. Kontakt	Sonnenuntergang
Sagres (P)	15:31:27.0	16:51:41.1	16:54:48.8	16:57:56.4	18:08:05.7	17:49
Faro (P)	15:32:32.3	16:51:45.3	16:55:16.7	16:58:47.5	18:08:05.0	17:45
Avalade (P)	15:32:04.7	16:53:09.2	16:54:49.5	16:56:30.3	18:07:44.4	17:45
Beja (P)	15:32:37.2	16:52:51.3	16:55:02.3	16:57:13.7	18:07:42.7	17:43
Huelva	16:33:34.0	17:52:02.7	17:55:38.4	17:59:13.7	19:07:58.0	18:42
Cádiz	16:34:16.4	17:52:44.3	17:56:05.3	17:59:26.0	19:08:08.4	18:42
Jerez de la Frontera	16:34:26.2	17:52:42.7	17:56:07.2	17:59:31.4	19:08:05.2	18:41
Algeciras	16:35:11.6	17:54:25.3	17:56:31.0	17:58:37.0	19:08:09.1	18:39
Sevilla	16:34:31.2	17:52:21.4	17:55:59.2	17:59:36.5	19:07:51.9	18:38
Mérida	16:34:04.6	17:53:59.4	17:55:22.0	17:56:45.2	19:07:16.6	18:36
Málaga	16:36:09.5	17:54:17.0	17:56:45.0	17:59:13.1	19:07:53.6	18:34
Córdoba	16:35:40.0	17:52:41.3	17:56:17.8	17:59:53.9	19:07:35.5	18:32
Motril	16:37:02.9	17:55:39.7	17:57:03.2	17:58:27.3	19:07:45.4	18:30
Granada	16:36:54.1	17:54:13.8	17:56:55.1	17:59:36.4	19:07:40.5	18:29
Jaén	16:36:37.3	17:53:14.7	17:56:40.6	18:00:06.1	19:07:31.5	18:29
Ciudad Real	16:36:17.7	17:52:55.6	17:56:12.8	17:59:29.8	19:07:05.0	18:27
Úbeda	16:36:58.1	17:53:16.3	17:56:44.2	18:00:11.8	19:07:23.6	18:27
Toledo	16:36:05.1	17:54:16.0	17:55:50.3	17:57:25.2	19:06:40.6	18:25
Albacete	16:38:04.8	17:53:16.2	17:56:49.6	18:00:22.5	19:06:48.5	18:18
Cartagena	16:39:10.0	17:57:16.4	17:57:32.0	17:57:48.3	19:07:05.4	18:18
Murcia	16:38:56.7	17:55:05.4	17:57:22.5	17:59:39.9	19:07:01.0	18:18
Cuenca	16:37:37.0	17:53:28.1	17:56:19.0	17:59:10.0	19:06:22.5	18:17
Alicante	16:39:22.6	17:54:52.5	17:57:24.3	17:59:56.3	19:06:46.9	18:14
Teruel	16:38:21.6	17:53:27.4	17:56:27.7	17:59:27.9	19:06:05.5	18:12
Valencia	16:39:09.0	17:53:29.1	17:57:00.1	18:00:30.6	19:06:21.2	18:11
Sant Antoni (Ibiza)	16:40:35.8	17:55:05.4	17:57:32.9	18:00:00.7	19:06:10.6	18:06
Lleida	16:39:14.5	17:54:28.3	17:56:12.7	17:57:57.6	19:05:06.6	18:02
Tarragona	16:39:49.1	17:53:29.2	17:56:34.8	17:59:40.3	19:05:16.4	18:01
Santa Ponça (Mallorca)	16:41:15.9	17:54:54.7	17:57:32.5	18:00:10.4	19:05:42.6	18:00

Sonnenfinsternisse bis 2050

Totale (rot) und hybride (grün) Sonnenfinsternisse zwischen 2025 und 2050.

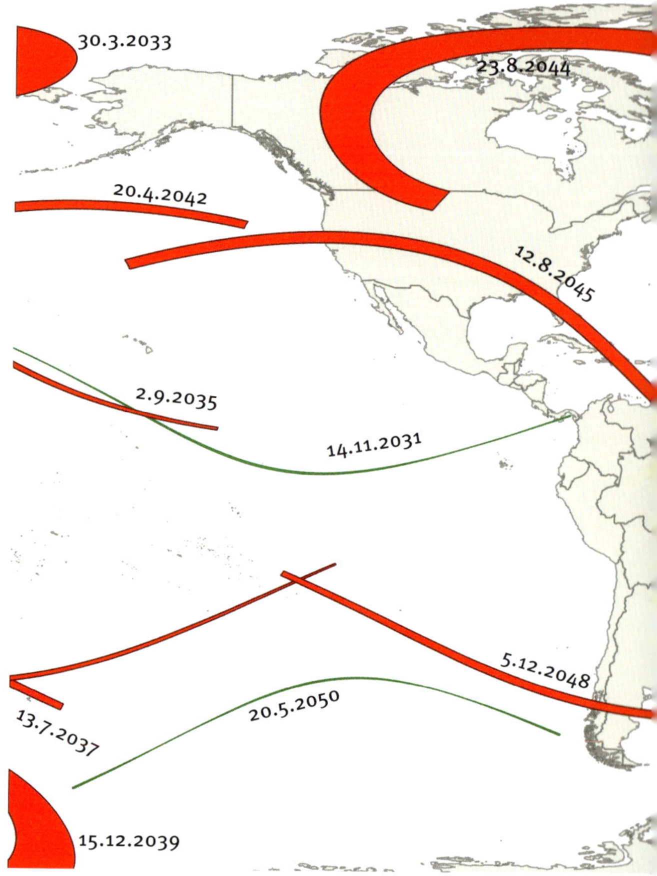

Ringförmige (blau) Sonnenfinsternisse zwischen 2025 und 2050.

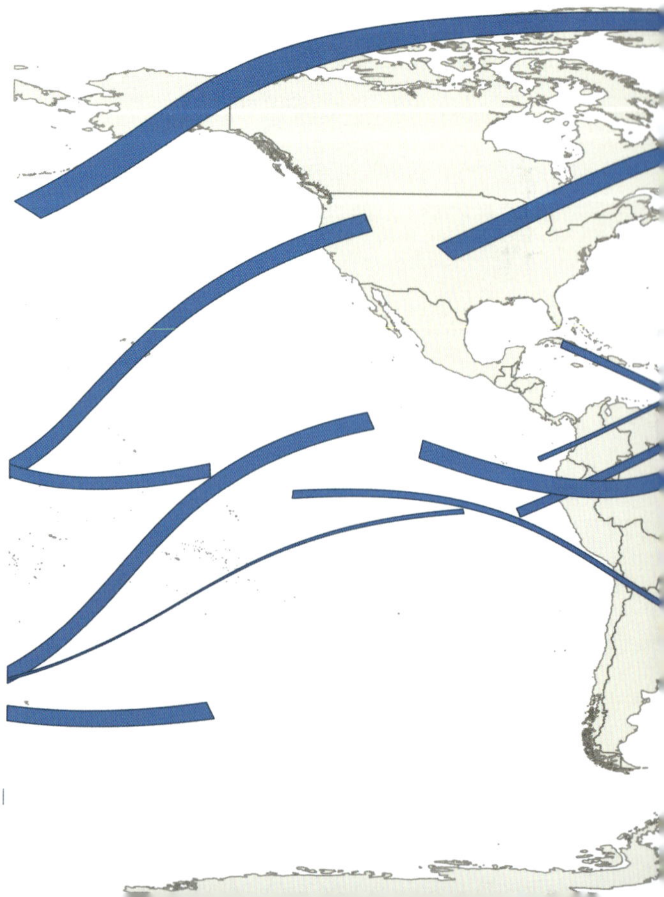

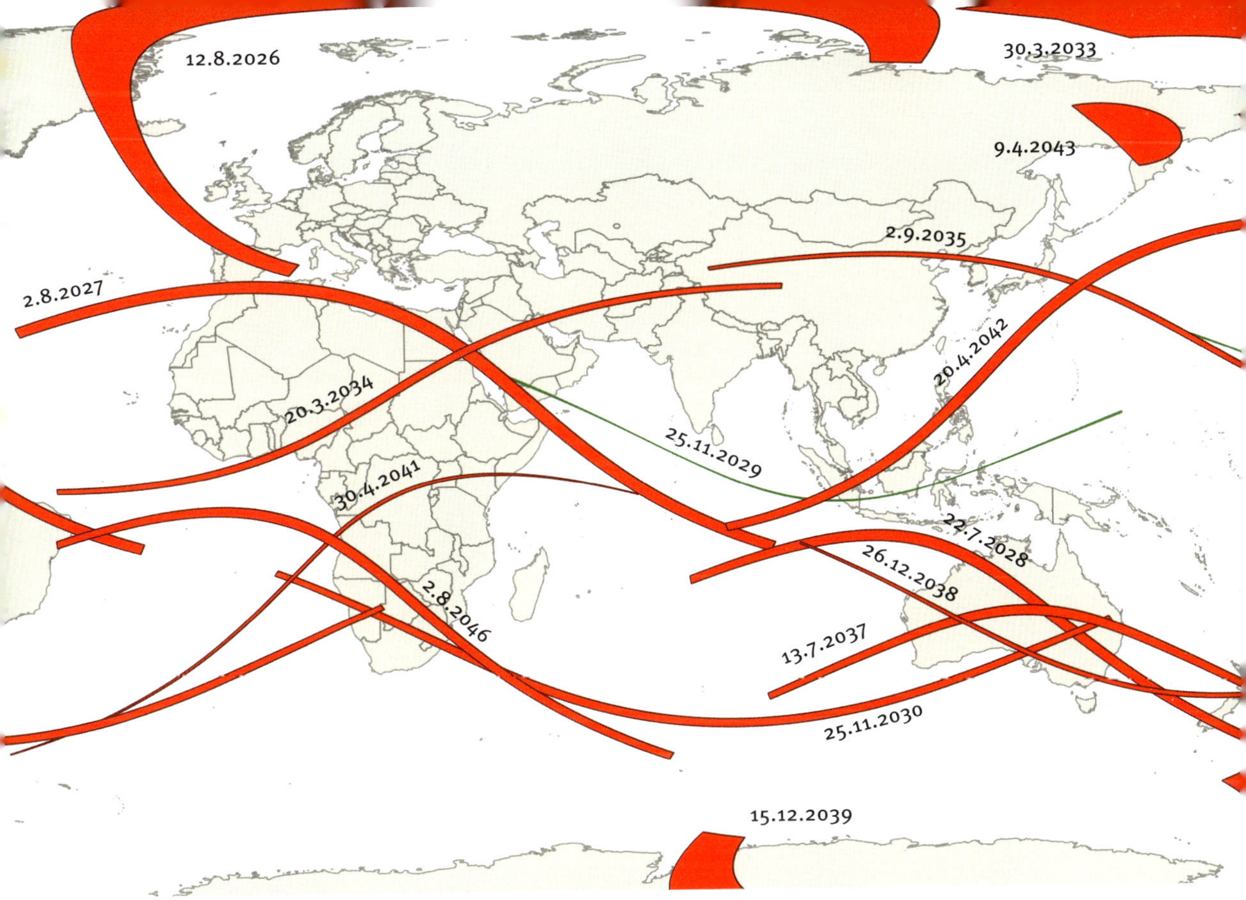
12.8.2026
30.3.2033
9.4.2043
2.9.2035
2.8.2027
20.4.2042
20.3.2034
25.11.2029
30.4.2041
22.7.2028
26.12.2038
2.8.2046
13.7.2037
25.11.2030
15.12.2039

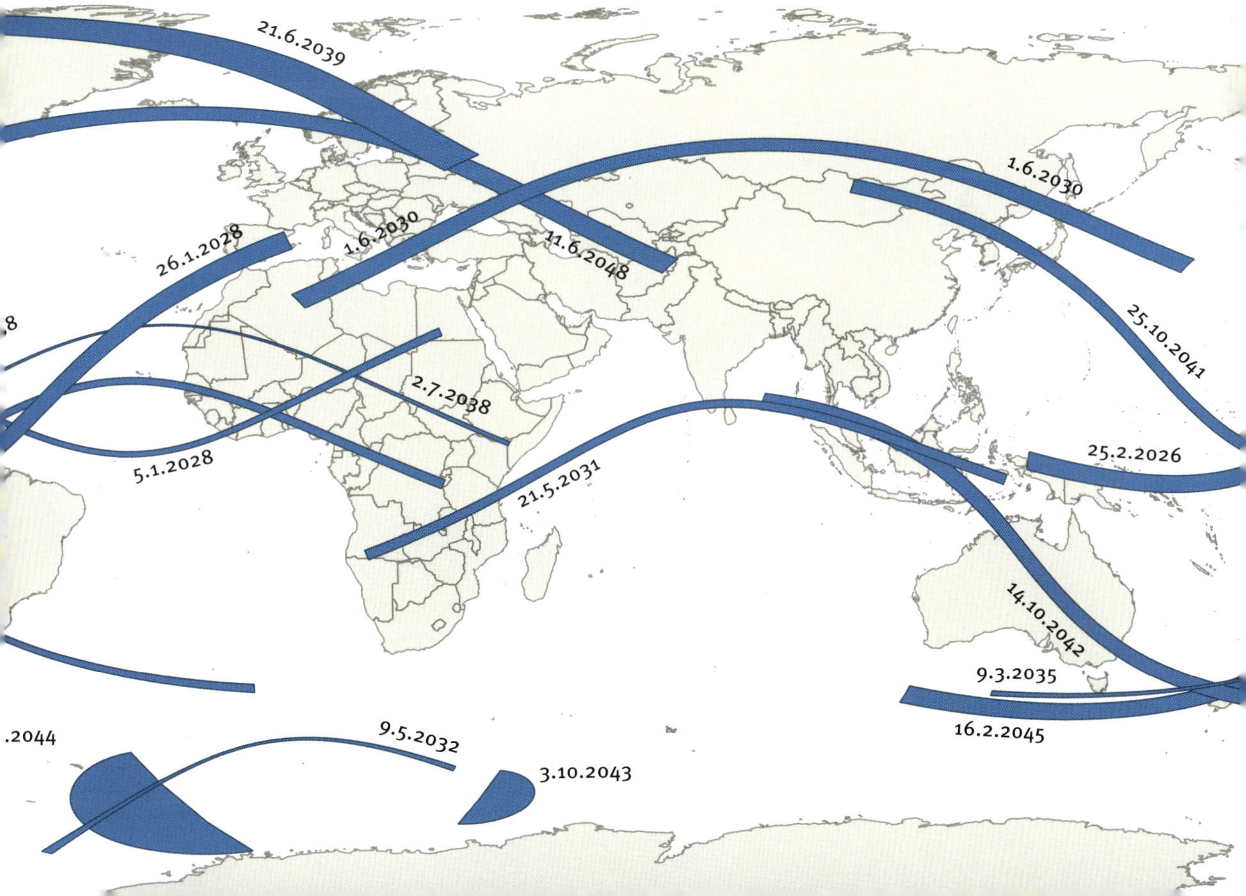
21.6.2039
1.6.2030
26.1.2028
1.6.2030
11.6.2048
25.10.2041
2.7.2038
5.1.2028
21.5.2031
25.2.2026
14.10.2042
9.3.2035
16.2.2045
9.5.2032
3.10.2043

Webseiten

Portale zu den drei Finsternissen

- Webseite der Federación de Asociaciones Astronómicas de España, im Aufbau: eclipse-spain.es
- Webseite von Diego Ruiz Serrano, im Aufbau: eclipse262728.com

Sonnenfinsternisse allgemein

- Webseite von Fred Espenak. Karten und Vorhersagen für Sonnen- und Mondfinsternisse: eclipsewise.com
- Webseite von Fred Espenak, mit Informationen u.a. zur Beobachtung und Fotografie von Finsternissen: mreclipse.com
- Webseite von Jay Anderson, Informationen zu Klimatologie und Wetter für Sonnenfinsternisse auf der ganzen Erde: eclipsophile.com
- Webseite von Xavier Jubier, kmz-Dateien für Google Earth für zahlreiche Finsternisse bis 2100: xjubier.free.fr

Finternis-Fotografen

- Mario Weigand: skytrip.de
- Thierry Legault: astrophoto.fr
- Petr Horálek: petrhoralek.com
- Ullrich Dittler: www.sonnenwind-observatorium.de
- Michael Karrer: flickr.com/photos/michael_karrer
- Miloslav Druckmüller: zam.fme.vutbr.cz/~druck/

Tourismus

- Offizielles spanisches Tourismusportal: spain.info
- Offizielle Tourismus-Webseite von Andalusien: andalucia.org

Verkehr

- Mautinformationen des spanischen Transportministeriums: www.transportes.gob.es/carreteras/peajes-actuales
- ADAC-Informationen zur Maut in Spanien: https://www.adac.de/reise-freizeit/maut-vignette/spanien

Finsternis 12.8.2026

- Faro de Cabo Busto: www.asturnatura.com/turismo/guia/faro-de-cabo-busto-1864
- Herkulesturm in La Coruña: www.torredeherculesacoruna.com/torre/es
- Nationalpark Picos de Europa: parquenacionalpicoseuropa.es
- Observatorio Astronómico de Cantabria: www.observatorioastronomicocantabria.com/oac/web
- San Pedro Cultural: www.sanpedrocultural.es
- Centro Astronómico Tiedra: cieloytiedra.com
- Planetarium und Observatorium von Aragón: planetariodearagon.com
- Centro Astronómico de Yebes: turismo.aytoyebes.es/astroyebes-2/ und astrono-

mia.ign.es/web/guest/icts-yebes/acerca-de/que-es-el-observatorio-de-yebes

- Observatorio Astrofísico de Javalambre: www.cefca.es
- Astronomisches Zentrum Galactica (Teruel): galactica.org.es

Finsternis 2.8.2027

- Besichtigungen des Real Observatorio in San Fernando: turismosanfernando.es/monumento/real-instituto-y-observatorio-dc-la armada/
- Einreiseinformationen Gibraltar: www.visitgibraltar.gi/de/Anreise
- Höhle von Nerja: www.cuevadenerja.es/
- Salobreña: www.ayto-salobrena.es/web/
- Besuchsinformationen Calar Alto: www.azimuthspain.com/

Fotografie

- Solar Snap Eclipse App: www.eclipseglasses.com/products/solar-snap-the-eclipse-app
- Belichtungszeiten-Rechner von Xavier Jubier: xjubier.free.fr/en/site_pages/SolarEclipseExposure.html

Wetter

- aemet.es: Spanischer Wetterdienst, Vorhersagen für Städte und Regionen
- meteoblue.com: Wetterportal mit weltweiten Vorhersagen (aus der Schweiz)
- www.yr.no/en: Norwegische Wetterseite, Vorhersagen weltweit, sehr zuverlässig
- Calima-Vorhersage der Universität Athen: forecast.uoa.gr/en/forecast-maps/dust/europe

Bildnachweis

Baader Planetarium 92
Mario Sánchez Bueno 64, 65
Eulalia Gallego Cano 82
Luisa Valdivielso Casas 40
Cielo y Tiedra 36
Agustí Descarrega 45
Ullrich Dittler 17
Dough Duncan 112
Miloslav Druckmüller 28
Pieter van Everdingen 42
Jan Hattenbach 13, 18, 26, 27, 32, 33, 34, 37, 40, 57, 59, 60, 61, 62, 63, 64, 79, 80, 81, 85, 108, 112
Instituto Geográfico Nacional 31, 33 35, 38, 41, 45, 47, 49, 58, 67, 71, 77, 83, 84, 86
Michael Karrer 17
Thierry Legault 8, 27, 74, 102
Lunt Solar Systems 92
Joao Martinho 78
NASA/Aubrey Gemignani 90
NASA Worldview 48, 50, 70
Viktar Palstsiuk 67
Uwe Reichert 22, 95, 103, 105
Alexander Savin 46
Stellarium 53, 73
Markus Trienke 46
Beatriz Varona 37
Jiuguang Wang 38
Mario Weigand 54, 89, 92, 93, 94, 96, 97, 98, 107
Wikipedia 40, 42, 47, 68 (2x)

Impressum

© 2024 Oculum-Verlag GmbH, Werner-von-Siemens-Str 19, 91052 Erlangen, www.oculum.de
1. Auflage, ISBN 978-3-949370-11-3
Konzeption und Lektorat: Ronald Stoyan
Korrektur: Thilo Mies
Cover-Abbildung: Jan Hattenbach, Mario Weigand

Haftungsausschluss

Für die Aktualität, Korrektheit, Vollständigkeit oder Qualität der bereitgestellten Informationen kann keine Gewähr übernommen werden. Haftungsansprüche, die sich auf Schaden materieller oder ideeller Art beziehen, die durch die Nutzung oder Nichtnutzung der zur Verfügung gestellten Informationen bzw. durch die Nutzung fehlerhafter oder unvollstandiger Informationen verursacht wurden, sind grundsätzlich ausgeschlossen.

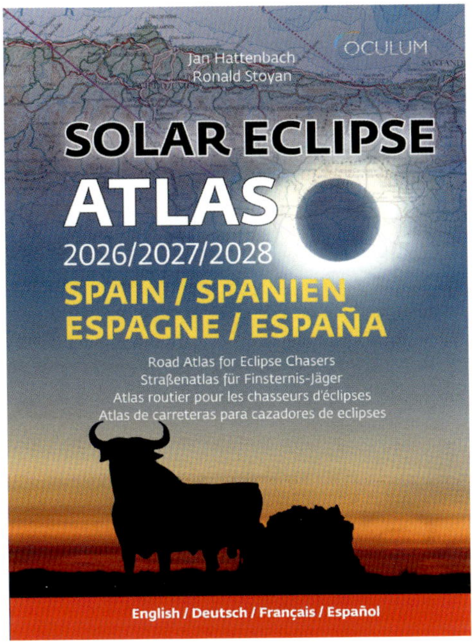

Der Atlas zum Buch!

Jan Hattenbach, Ronald Stoyan:
Eclipse Atlas Spain 2026/2027/2028

Genaue Karten der Finsternis-Pfade für die drei Finsternisse 2026, 2027 und 2028. Unentbehrlich für die Planung und Navigation auf Ihrer Finsternis-Tour!

- Detaillierte aktuelle Kartographie
- Übersichtliches Format A4
- Praktische Ringbindung

Mehr Info: **https://www.oculum-verlag.de/detailview?no=620**.